Découverte & Initiation

CHIROMANCIE

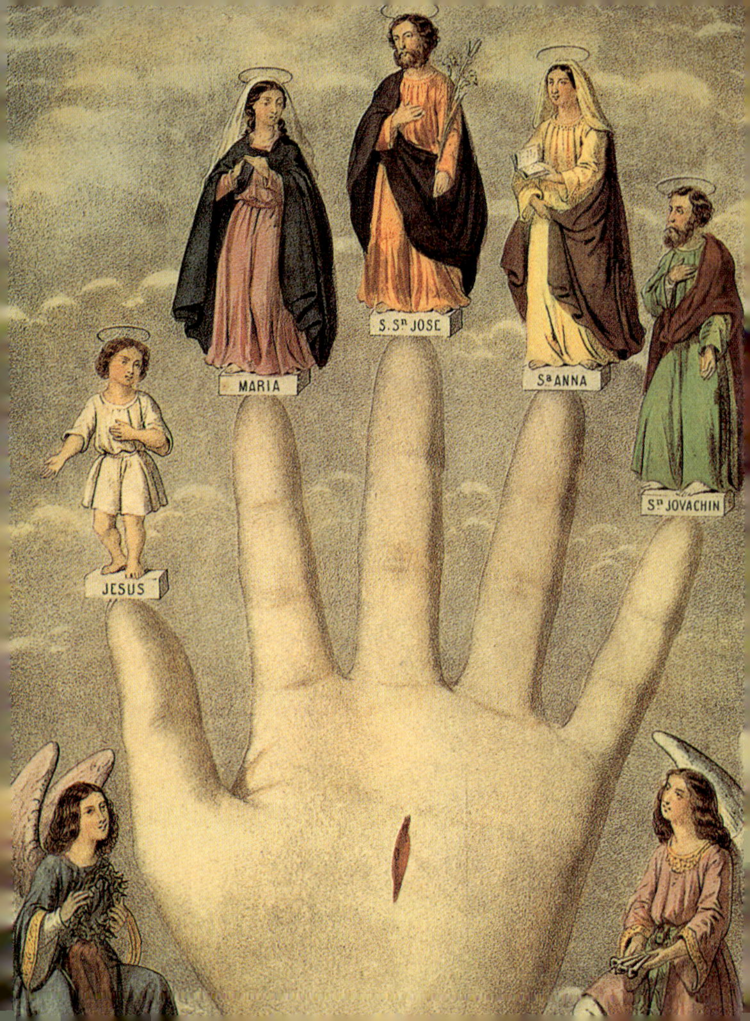
S. Sn JOSE
MARIA
Sa ANNA
Sn JOVACHIN
JESUS

Découverte & Initiation

CHIROMANCIE

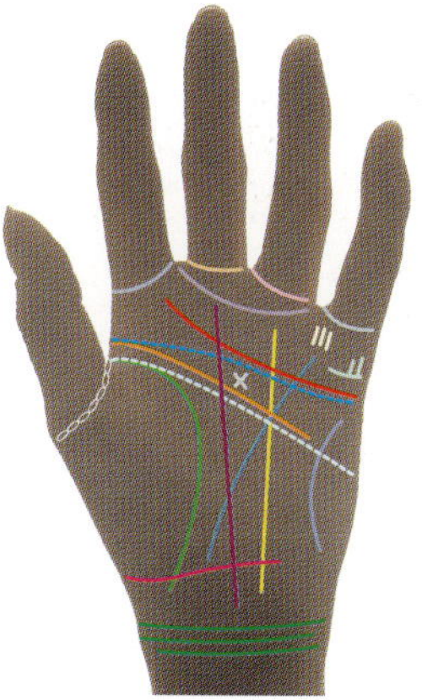

PETER WEST

EVERGREEN

EVERGREEN is an imprint of TASCHEN GmbH

Hohenzollernring 53, D-50672 Köln
www.taschen.com

Ce livre a été conçu, réalisé et produit par
THE IVY PRESS LIMITED,
The Old Candlemakers, Lewes, East Sussex BN7 2NZ
Directeur artistique *Peter Bridgewater*
Directrice d'édition *Sophie Collins*
Designers *Kevin Knight, Jane Lanaway, Alistair Plumb*
Editeur *Rowan Davies and Caroline Earle*
Recherche photographique *Liz Eddison*
Photographie *Guy Ryecart*
Illustrations *Sarah Young, Anna Hunter-Downing, Andrew Kulman*
Modèles 3-D *Mark Jamieson*

Réalisation de l'édition française :
akapit Verlagsservice Berlin – Saarbrücken (www.akapit.de)
Traduit de l'anglais par : *Claire-Anne Rolland (akapit Verlagsservice)*

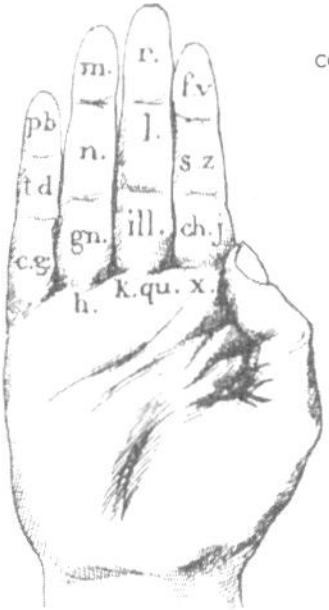

Printed in China
ISBN 3-8228-2502-6

SOMMAIRE

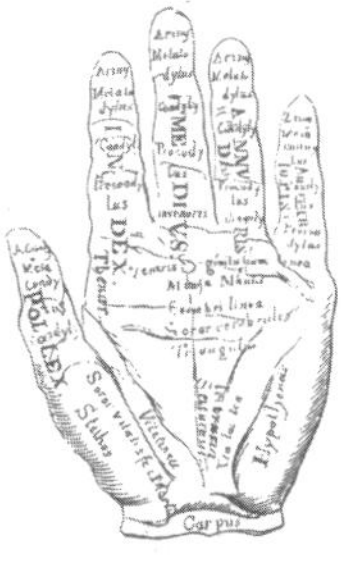

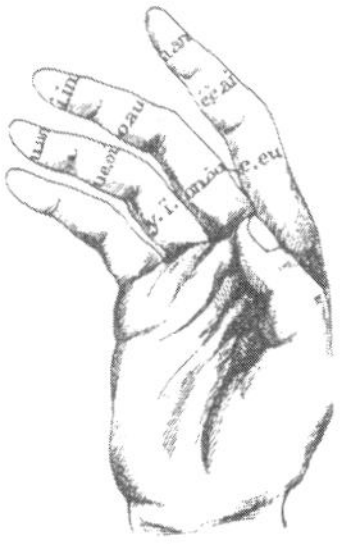

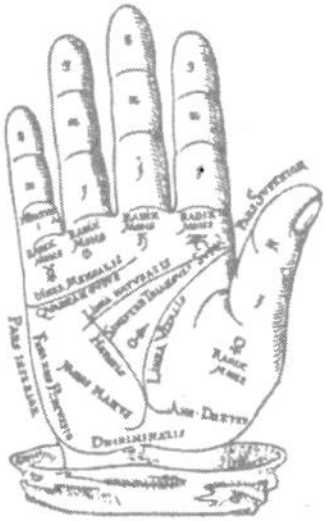

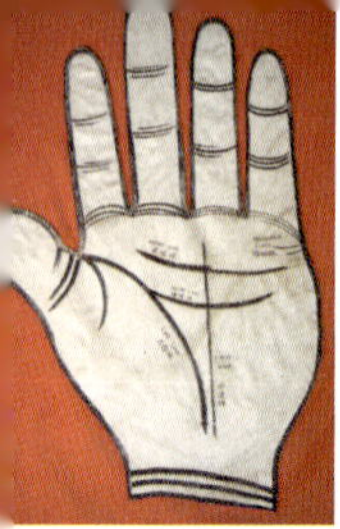

La lecture de la main

La forme de la main, avec ses lignes, ses monts et signes particuliers, révèle de nombreux aspects du caractère d'une personne.

COMMENT UTILISER CE LIVRE

Pour rendre ce livre pratique à utiliser, nous l'avons divisé en trois parties distinctes. La première est consacrée aux bases de la lecture de la main et explique l'importance de la taille et de la forme des mains ainsi que des empreintes pour une analyse détaillée. La seconde partie répertorie les lignes principales et secondaires ainsi que les autres signes particuliers pour comprendre leur signification. La troisième partie, *La Chiromancie appliquée*, vous montre comment mettre en pratique ce que vous avez appris dans les chapitres précédents sur la base d'études de cas.

Comment apprendre la chiromancie

Le but de ce livre est d'encourager le lecteur à apprendre à développer ses aptitudes à lire la main et à y prendre plaisir. La chiromancie contemporaine combine des méthodes scientifiques modernes avec d'anciennes sagesses. Ce livre permet au lecteur d'employer ses connaissances pour comprendre ses propres traits de caractère et ses expériences ainsi que ceux d'autres personnes.

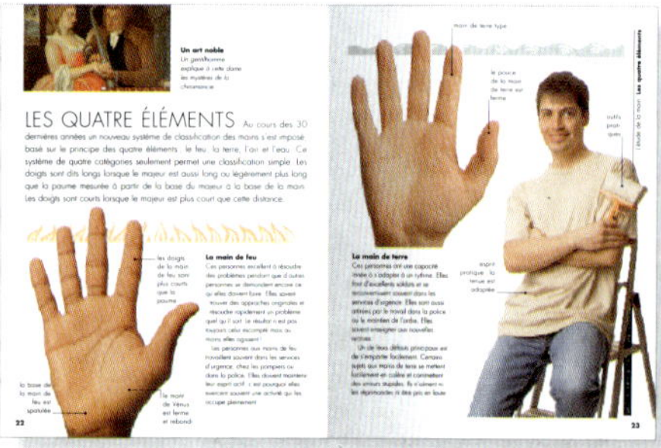
LES QUATRE ÉLÉMENTS Au cours des 30 dernières années un nouveau système de classification des mains s'est imposé basé sur le principe des quatre éléments : le feu, la terre, l'air et l'eau. Ce système de quatre catégories seulement permet une classification simple. Les doigts sont dits longs lorsque le majeur est aussi long ou légèrement plus long que la paume mesurée à partir de la base du majeur à la base de la main. Les doigts sont courts lorsque le majeur est plus court que cette distance.

L'apprentissage des bases

La première partie vous présente les différentes formes de mains et les différents types d'empreintes.

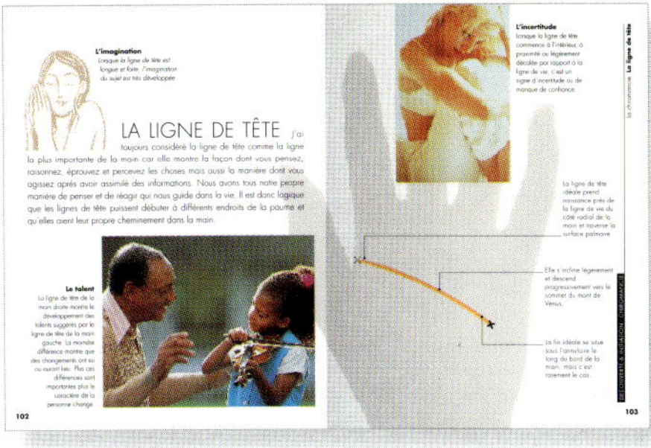

Les lignes

Des illustrations en couleurs vous montrent comment reconnaître et interpréter la signification des lignes principales et secondaires de la main.

Des informations détaillées

Chaque partie illustrée est suivie d'informations complémentaires sur chacun des aspects de la lecture de la main.

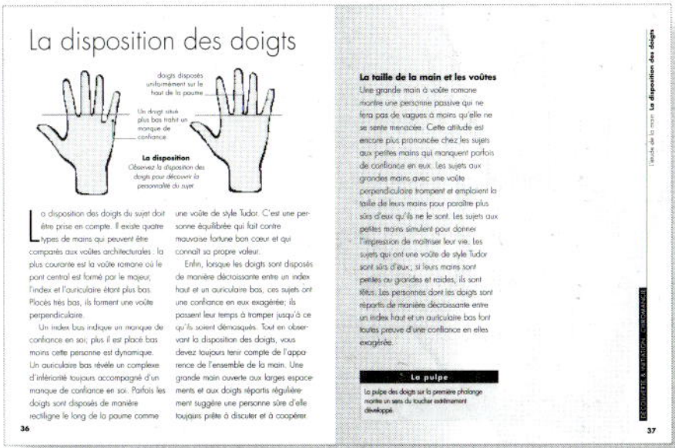

Etudes de cas

A partir d'empreintes de mains, vous pouvez mettre en application tout ce que vous avez appris. Vous serez peut-être même capable de prédire l'avenir.

Introduction

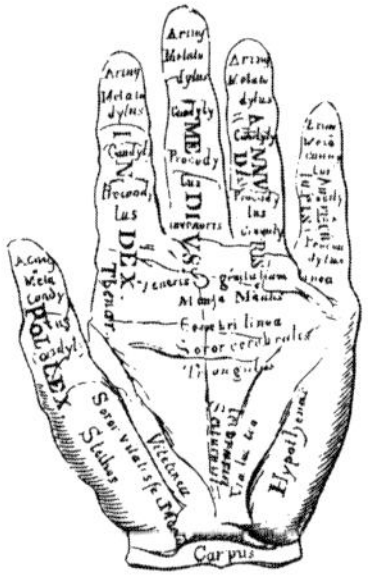

Un art ancien

Une ancienne carte de la main avec des inscriptions latines.

L'origine exacte de la chiromancie reste indéterminée. Il est possible qu'elle vienne de l'Orient, probablement de l'Inde ou bien de la Chine ancienne, de la Corée ou du Japon, pays pointés par certains chercheurs.

La majorité des plus anciens documents écrits et les plus anciennes illustrations sur la chiromancie nous viennent d'Inde. Il y a plus de 5000 ans la chiromancie était déjà pratiquée au Moyen-Orient, mais ce n'est que beaucoup plus tard qu'elle fut introduite en Occident.

En Europe de l'ouest et en Grande-Bretagne en particulier, il n'existe que de très rares documents écrits et illustrations qui sont difficiles à dater avec exactitude. Dans les temps anciens, la chiromancie était principalement une superstition et aucune règle écrite n'existait à partir de laquelle elle aurait pu être enseignée ou transmise. De plus, peu de personnes à l'époque étaient capables de lire et d'écrire.

Les premiers documents en anglais sont sommaires. La raison en est moins le manque de connaissances que les difficultés de rédaction de l'époque. En effet, dans l'Angleterre d'avant 1066, la langue écrite officielle était le vieil anglais. Cependant, le royaume était divisé en de nombreux petits royaumes où existait beaucoup de dialectes différents.

Nos connaissances sur la lecture de la main étaient donc transmises de bouche à oreille et probablement sous le sceau du secret car l'Eglise y était opposée.

Le premier document écrit

Le plus ancien document écrit sur la chiromancie en langue anglaise est un manuscrit, connu sous le nom de Digby Roll IV, daté de 1440. Il était composé de plusieurs tomes de velin, reliés à la mode de l'époque, de 220 cm de long et de 20 cm de large avec quelques illustrations.

Les diseurs de bonne aventure d'autrefois se basaient seulement sur les lignes de la main de leurs sujets. La chirognomonie ne se développa vraiment qu'au milieu du XIXe siècle et ce, grâce à deux Français : Casimir d'Arpentigny qui publia en 1865 *La Science de la Main*, l'ouvrage de référence sur les différentes formes de mains et Adrien Desbarrolles, qui publia en 1859 *Les Mystères de la Main* consacré à l'étude des lignes de la main. La dermatoglyphie développée par Francis Galton date également du XIXe siècle. C'est son travail, réalisé avec patience, qui sert de base au système d'empreintes employé actuellement par la police pour identifier les criminels.

L'ÉTUDE DE LA MAIN

Malgré la farouche opposition de l'Eglise officielle, la chiromancie a su conserver les grâces du public au cours des siècles. Il est de notoriété publique que les bibliothèques du Vatican renferment de magnifiques documents anciens qui demeurent inaccessibles au commun des mortels. En Grande-Bretagne, durant le haut Moyen–Âge, l'Eglise luttait pour préserver sa suprématie religieuse, mais aussi son pouvoir politique, dénonçant avec vigueur la pratique de l'astrologie et de la chiromancie. Cependant, en ce qui concerne l'astrologie, elle dut faire marche arrière car presque tous les médecins l'employaient pour le traitement de leurs patients. — Aujourd'hui, l'analyse de la main sert parfois de base au premier diagnostic du médecin.

Les notions de base

L'étude de la main se divise en trois branches distinctes formant un tout : la « chirognomonie », l'étude de la forme générale de la main; la « chiromancie », l'étude des lignes et des autres signes de la paume de la main et la « dermatoglyphie », l'étude des sillons sur les doigts et sur la paume.

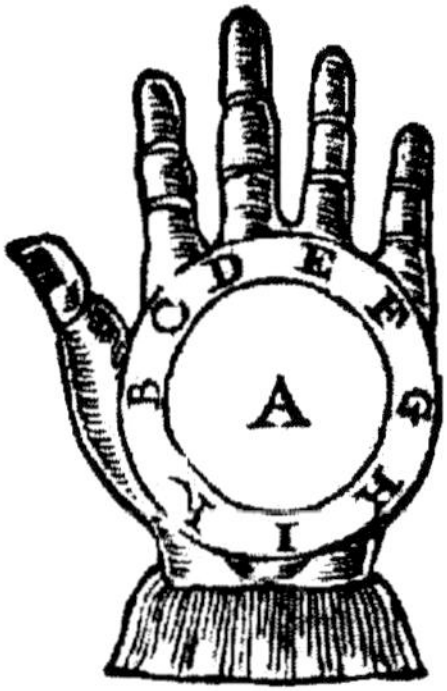

La véritable chiromancie
La couverture de Physiognomie and Chiromancie, *l'un des premiers livres sur la chiromancie.*

La chiromancie

L'étude des lignes de la main ne prend pas en compte les autres caractéristiques de la paume. Toutes les lignes et en particulier les lignes secondaires se modifient facilement lors d'un choc émotionnel important.

Lorsqu'un événement modifie la nature émotionnelle d'une personne, celui-ci laisse des traces non seulement sur le psychisme mais également sur les mains. Des marques secondaires peuvent apparaître ou disparaître comme si le cœur et l'esprit avaient besoin d'enregistrer de tels événements du fait de leur importance au moment où ils se produisent ou après coup.

La chirognomonie

L'étude de la forme de la main est devenue un domaine à part au milieu du XIXe siècle. Elle se consacre à l'épaisseur et à la forme de la paume, des pouces et des doigts de la main et également à leur longueur relative, aux formations des extrémités et à leur souplesse. L'analyse des ongles et des gestes des mains complète ce domaine d'étude.

La dermatoglyphie

Cette discipline se consacre à l'étude spécifique des empreintes digitales et palmaires. Ces signes distinctifs ne peuvent jamais être détruits ou effacés mais ils peuvent être altérés par exemple par un accident. Les efforts déployés par des criminels pour les modifier ou les détruire sont restés vains. Il existe deux types de texture de peau palmaire : ouverte ou rugueuse et fermée ou douce.

Il existe cinq types d'empreintes digitales principales – l'arche, l'arche incurvée, le composé, la boucle et le tourbillon auxquels viennent s'ajouter quelques variations occasionnelles. Chacune a sa propre signification qui dépend de la façon et du lieu où elles apparaissent.

Les gestes

Ce n'est que récemment que l'étude des gestes de la main est venue compléter l'analyse de la main. Un grand nombre d'informations est contenu dans le langage des signes d'une personne qui parle ou qui s'exprime par des gestes.

La forme

Pour classer la forme d'une main, basez-vous sur la paume de la main qui va du poignet à la base des doigts.

LA FORME DE LA MAIN

Il existe deux catégories principales de main : la main carrée ou utile et la main ronde ou conique auxquelles s'ajoutent cinq autres types. Les deux mains doivent être examinées avec soin. La main gauche sert à établir les traits héréditaires de la personne et son caractère tandis que la main droite montre comment ces tendances se sont développées chez les gauchers comme chez les droitiers.

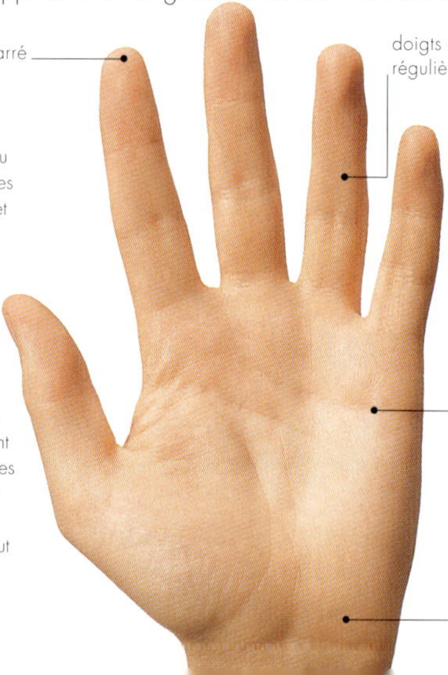

La main carrée

Les contours de la paume d'une main carrée à base du poignet ou des doigts ont l'air droit. Parfois les doigts semblent disposés en arc et l'index et l'auriculaire sont situés plus bas que le majeur.

La main carrée ou utile est courante. Les personnes à main carrée sont conventionnelles et plutôt conservatrices, avec un grand respect pour la loi et pour l'ordre. Elles ont l'esprit pratique. Elles sont pragmatiques, ordonnées, logiques et méthodiques. Leur patience est sans bornes. Bien qu'elles soient pondérées, leur détermination peut tourner à l'entêtement lorsqu'elles ont pris une décision.

La main philosophique
Les doigts sont longs et osseux et la paume carrée ou rectangulaire. Ces personnes sont très réfléchies et intelligentes.

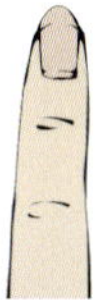

La main psychique
Dans cette version extrême de la main conique les doigts sont fins et délicats. Les mains psychiques sont très soignées et à paume longue.

La main mixte
Tous les types de doigts et de paume se retrouvent sur les mains mixtes. Une main inclassable est mixte.

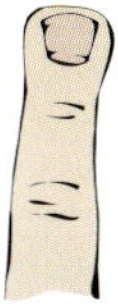

La main spatule
L'extrémité des doigts est souvent légèrement bombée dans cette variation de la main carrée. La paume est élargie soit à sa base soit en haut.

La main élémentaire
Les doigts sont courts et boudinés, la main courte et disgracieuse avec une paume épaisse et lourde ce qui suggère une intelligence limitée.

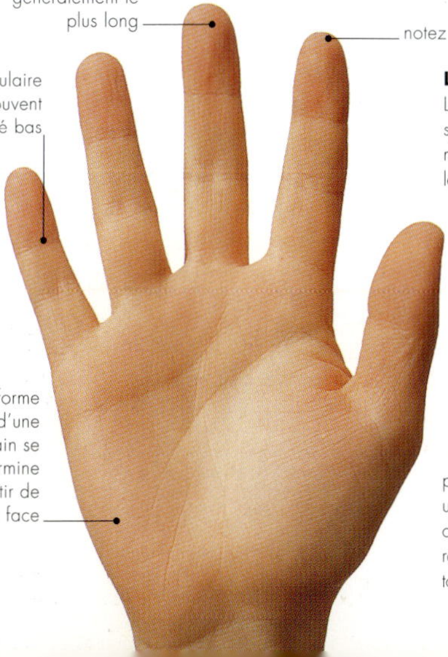

La main conique ou ronde

Le terme ancien de « conique » est synonyme de rond. Lorsque la main et les doigts sont coniques, les extrémités des doigts sont légèrement fuselées. Les bords de la main sont doux comparés à ceux de la main carrée et le haut de la paume est nettement arqué.

Les personnes à main conique sont de nature créative et artistique, impulsives et idéalistes. Elles aiment le changement, lient et rompent facilement des relations non pas par manque de sensibilité mais par un besoin incessant de changement. Elles s'ennuient rapidement et elles sont ouvertes à toutes les expériences.

La taille de la main

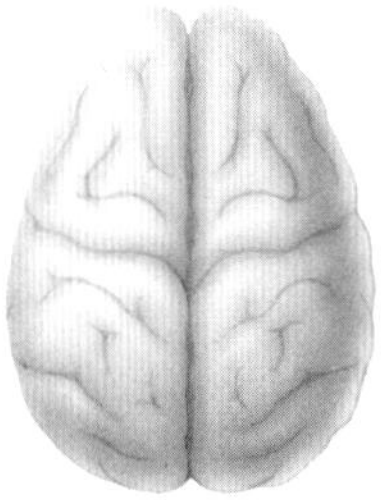

Le pouvoir du cerveau
La main que vous employez le plus est dirigée par les hémisphères du cerveau.

Gardez à l'esprit que la taille de la main s'évalue en fonction de la carrure de la personne. Dans certains domaines professionnels, un type de main est surreprésenté: les personnes aux grandes mains travaillent souvent dans le commerce de bijoux alors que les personnes aux petites mains travaillent souvent dans des domaines pratiques et créatifs comme la vente ou la publicité.

La grande main

Les personnes aux grandes mains sont souvent considérées d'être plutôt superficielles que réfléchies car elles ont tendance à gaspiller leur talent en s'attachant à des détails plutôt qu'à un ensemble. Une grande main est le signe d'un esprit analytique.

La petite main

Les personnes aux petites mains ont tout de suite une vue d'ensemble mais il leur manque le sens du détail nécessaire pour analyser les différents aspects d'un problème. Pour elles, c'est généralement tout ou rien. Les personnes aux petites mains, aux paumes longues et aux doigts courts ne s'intéressent pas aux détails et les oublient rapidement. Elles ont la mémoire étonnamment courte à moins que le sujet ne les concerne de près.

Droitier ou gaucher ?

Chez l'homme, le fait d'être droitier est lié directement au développement de l'intelligence. L'hémisphère cérébral gauche est généralement le plus développé et correspond à la partie droite du corps. Chez les gauchers c'est

l'inverse, bien que l'hémisphère gauche puisse aussi être plus développé.
Les gauchers vivent en grande partie dans un monde de droitiers et par conséquent leur conscience et leur niveau de perception sont souvent très développés. Les gauchers ne sont pas patients avec les personnes qui prennent leur temps pour expliquer les choses car ils saisissent rapidement l'essentiel. Ils ont ensuite hâte de partir pour réaliser leurs projets sans délais.

Ils sont souvent enviés pour leurs qualités et ont parfois du mal à se faire accepter.

Les personnes aux grandes mains, droitières ou gauchères, ont besoin d'une foule de détails avant de commencer un nouveau travail. Les personnes aux petites mains travaillent volontiers dans l'ombre et n'aspirent pas toujours à la reconnaissance de leur travail.

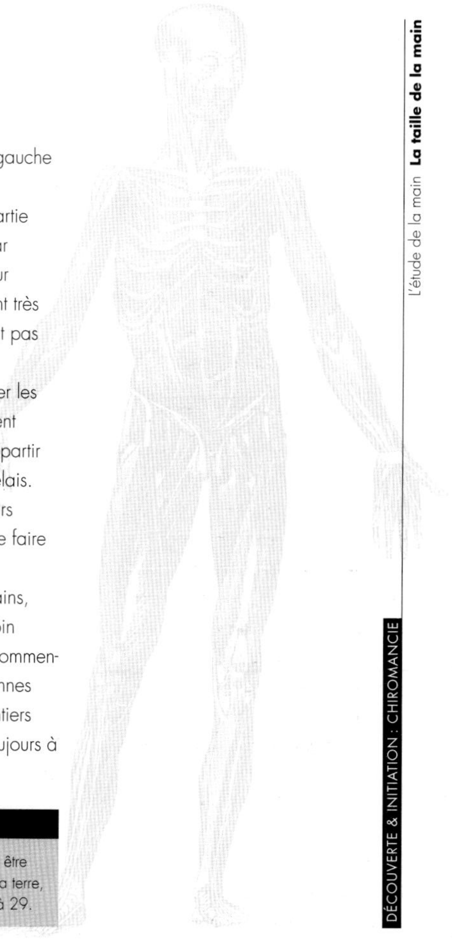

Les éléments

Les formes de la main peuvent aussi être classées d'après les quatre éléments : la terre, l'air, l'eau et le feu – voir pages 22 à 29.

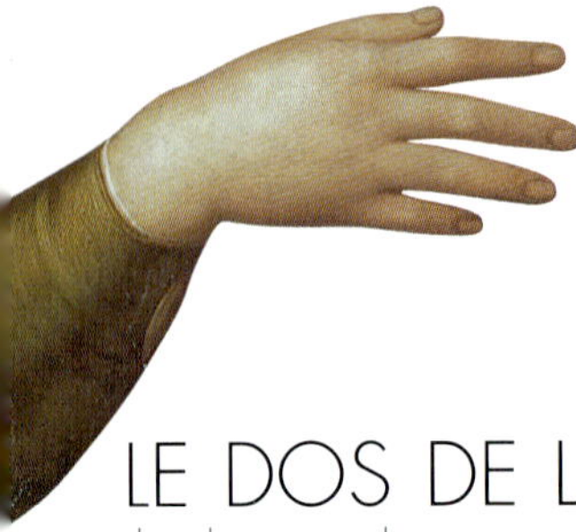

Longs ou courts ?
Les doigts longs sont synonymes de détail, les doigts courts de vue d'ensemble.

LE DOS DE LA MAIN

En observant au hasard le dos des mains des personnes avec lesquelles vous voyagez, vous pouvez obtenir une foule d'informations. En effet, ces personnes sont souvent détendues et n'ont pas conscience des gestes qu'elles font. Notez la façon dont les personnes tiennent leur stylo, si elles portent des bagues ou pas et si oui, à quel doigt. Vérifiez à quel poignet elles portent leur montre ou d'autres bijoux et si oui, si ceux-ci sont en argent ou en or.

La main carrée

Les personnes aux mains carrées ont tendance à s'habiller de manière conventionnelle même le week-end lorsque la plupart des gens se détendent.

La couleur des mains est importante : les personnes à mains roses et carrées sont en bonne santé et aiment le grand air, les mains bleutées suggèrent des problèmes de circulation et les mains jaunâtres des problèmes de foie ou de rein.

Les mains blanches et carrées sont rares. Elles indiquent un refus des contacts sociaux. De telles personnes ne s'aventurent que rarement dans des lieux publics ou chez des connaissances. Elles sont en général aimables mais ne cherchent que rarement les contacts intimes.

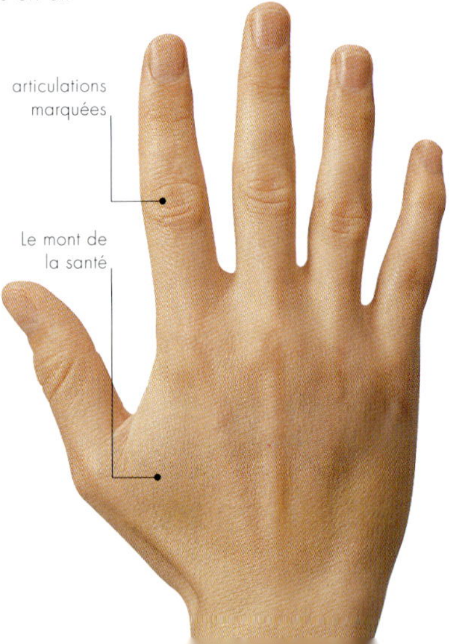

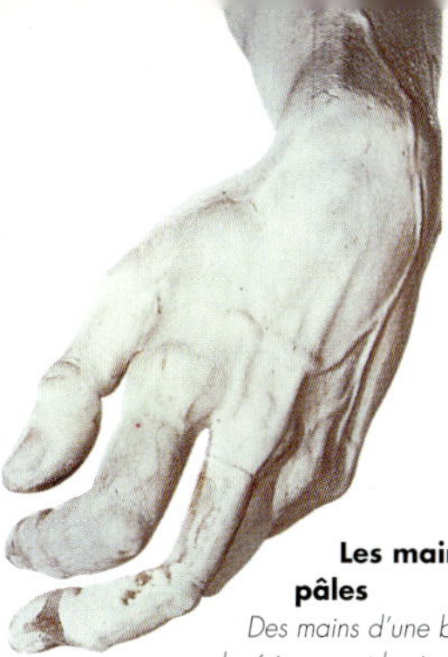

Les mains pâles

Des mains d'une blancheur cadavérique sont le signe d'une nature froide. C'est une personne qui manque d'enthousiasme et ne soigne pas ses contacts sociaux.

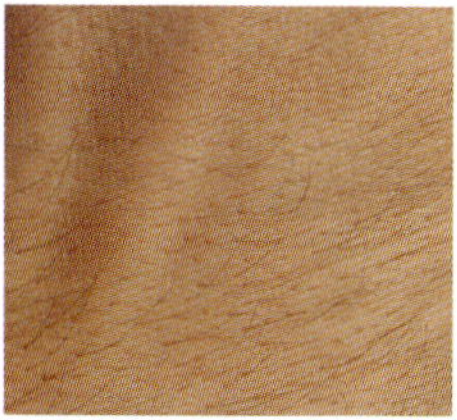

Un léger duvet

Un léger duvet suggère une bonne nature et l'absence de force physique alors que des poils rêches sont signe de bonne santé.

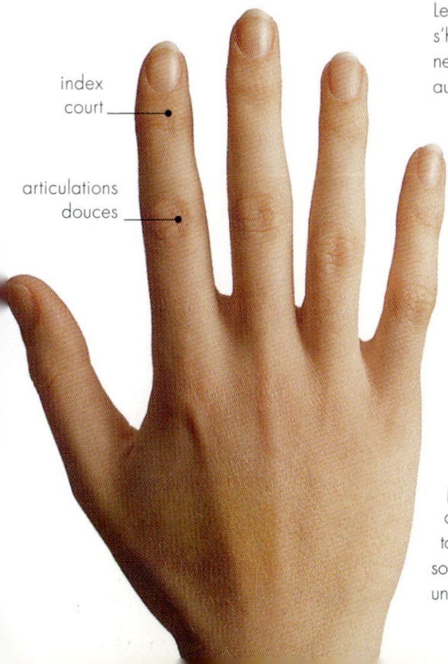

La main conique

Les personnes aux mains rondes s'habillent comme bon leur semble et ne se soucient guère du regard des autres. Les conventions ne les intéressent pas.

En général les mains coniques sont roses, ce qui indique une personne équilibrée, peu dépensière et pleine d'énergie. Elle ne brûle pas la chandelle par les deux bouts. Elle apprécie les fonctions sociales à quel que niveau que ce soit et est attentive aux sentiments des autres. Des mains coniques blanches peuvent être le signe d'une anémie ou d'une baisse de la température corporelle due à la fatigue.

Les personnes aux mains coniques parlent beaucoup lorsqu'elles sont détendues mais elles n'ont pas toujours quelque chose à dire. En soirée, ces personnes savent entretenir une conversation et distraire.

Le dos de la main

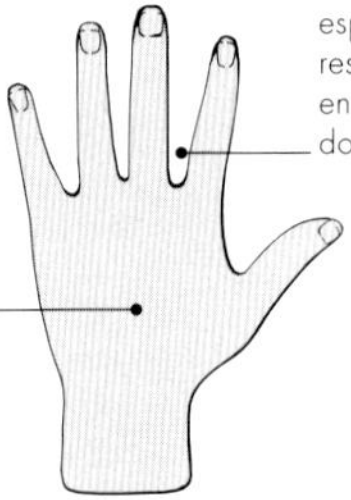

L'autre côté
Le dos de la main fournit autant d'informations que sa face.

La première fois que vous avez l'occasion d'étudier en détail les mains d'une personne c'est souvent à son insu en observant le dos de ses mains. Cette analyse n'a rien de superflu car cet exercice vous fournit un nombre surprenant d'informations.

Les personnes aux doigts courts ou aux petites mains, par exemple, aiment les réponses succinctes et non pas les longues explications détaillées. Par contre, les personnes aux grandes mains ont besoin de détails précis pour pouvoir comparer toutes les alternatives avant d'agir.

La longueur et la texture

Les sujets aux mains longues et fines prennent le temps de la réflexion avant de s'engager.
Des articulations bombées à chacune des phalanges indiquent une grande attention aux détails.

Si le dos de la main est large, le sujet ne s'engagera pas à la légère, il est matérialiste et aime la vie en plein air. Les personnes avec des mains bronzées ou hâlées, à la texture rugueuse sont attirées par des activités de plein air. Si la main est en outre de forme carrée, le sujet est certainement un artisan qui préfère travailler au grand air.

Une mains fine, lisse ou pâle et de texture délicate indique que le sujet aime les activités en intérieur. Si les mains sont légèrement bronzées par temps très ensoleillé, cela montre que la personne s'est accordé un bain de soleil.

Un bout de peau visible entre la fin de l'ongle et le bout du doigt dévoile un tempérament vif et explosif. En général, les personnes aux ongles longs ont une attitude équilibrée et expansive, alors que les personnes aux ongles courts ont une attitude plus critique et réservée.

Les différences

Des différences manifestes entre les deux mains sont souvent dues à un accident ou à une maladie qui a laissé des traces. Dans d'autres cas, le sujet s'est battu étant enfant pour maintenir l'équilibre dans les relations familiales lorsque les parents avaient des personnalités diamétralement différentes. Lorsque les mains ont l'air plus ou moins identiques, le sujet est de nature équilibrée. De telles personnalités ne vont pas avoir tendance à modifier la façon dont elles mènent leur vie privée. Elles se présentent de la même manière à tous.

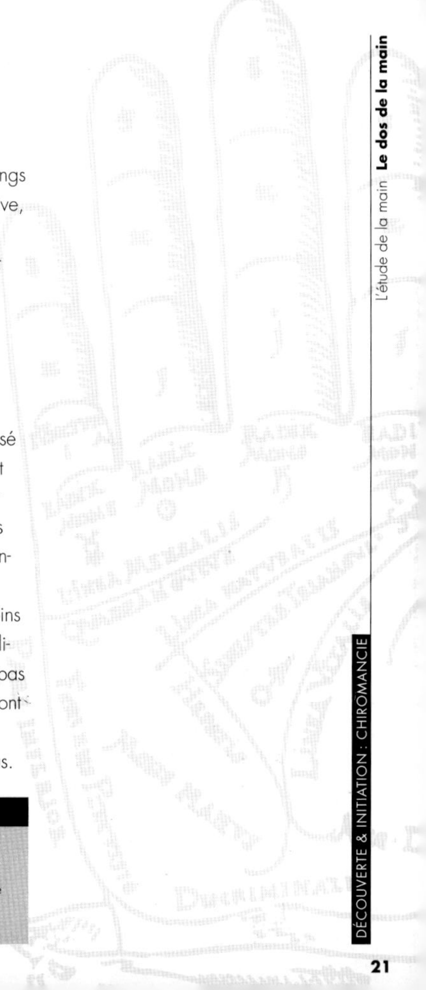

Les poils sur les mains

Les poils sur les mains ont toujours été considérés comme un signe de bonne santé mais pas forcément de force physique – une vieille croyance qui s'est révélée fausse.

Un art noble
Un gentilhomme explique à cette dame les mystères de la chiromancie.

LES QUATRE ÉLÉMENTS

Au cours des 30 dernières années un nouveau système de classification des mains s'est imposé, basé sur le principe des quatre éléments : le feu, la terre, l'air et l'eau. Ce système de quatre catégories seulement permet une classification simple. Les doigts sont dits longs lorsque le majeur est aussi long ou légèrement plus long que la paume mesurée à partir de la base du majeur à la base de la main. Les doigts sont courts lorsque le majeur est plus court que cette distance.

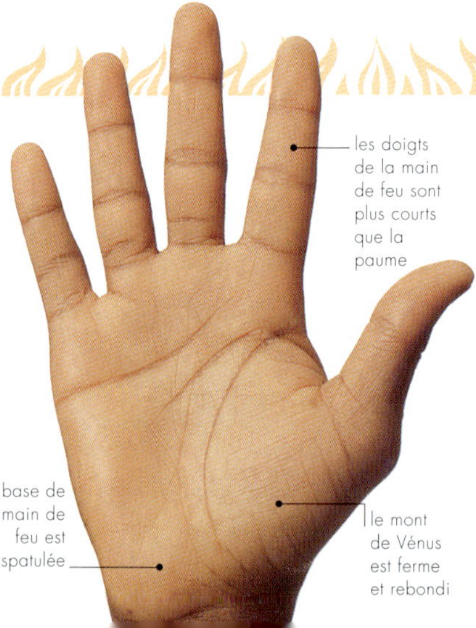

La main de feu
Ces personnes excellent à résoudre des problèmes pendant que d'autres personnes se demandent encore ce qu'elles doivent faire. Elles savent trouver des approches originales et résoudre rapidement un problème quel qu'il soit. Le résultat n'est pas toujours celui escompté mais au moins elles agissent !

Les personnes aux mains de feu travaillent souvent dans les services d'urgence, chez les pompiers ou dans la police. Elles doivent maintenir leur esprit actif, c'est pourquoi elles exercent souvent une activité qui les occupe pleinement.

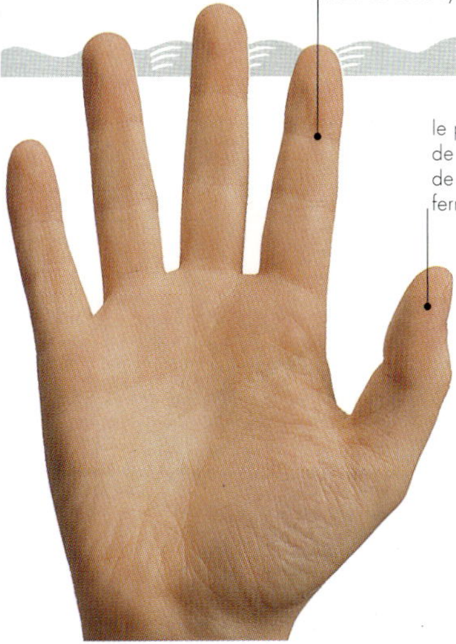

La main de terre

Ces personnes ont une capacité innée à s'adapter à un rythme. Elles font d'excellents soldats et se reconvertissent souvent dans les services d'urgence. Elles sont aussi attirées par le travail dans la police ou le maintien de l'ordre. Elles savent enseigner aux nouvelles recrues.

Un de leurs défauts principaux est de s'emporter facilement. Certains sujets aux mains de terre se mettent facilement en colère et commettent des erreurs stupides. Ils n'aiment ni les réprimandes ni être pris en faute.

Mains de feu et de terre

La main de feu

Cette main a une paume rectangulaire plus longue que les doigts qui ont parfois l'air légèrement plus larges à leur extrémité. Les personnes qui possèdent ce type de main sont souvent extraverties. Elles sont en effet intelligentes et gaies. Elles ont des qualités de chef et sont toujours en mesure de reprendre le flambeau quand les autres abandonnent.

Leur vivacité d'esprit en font d'excellents organisateurs, diriger est leur seconde nature; elles inspirent et motivent les autres de par leur zèle naturel.

Les sujets aux mains de feu ont une certaine propension à la paresse et ont des tendances autodestructrices. Ils ne parviennent pas toujours à gérer leur énergie et se surmènent souvent.

Ils ont besoin d'une personne appliquée pour les seconder et prendre en charge les tâches quotidiennes mais aussi pour corriger leurs erreurs. Ils reconnaissent avoir besoin de leur aide dans de telles circonstances.

Les sports extrêmes
Les sports mettant à l'épreuve le corps et l'esprit attirent les sujets à main de feu.

Les sujets aux mains de feu sont à l'aise dans les activités variées ou comportant des déplacements. La vente est leur domaine de prédilection surtout s'il faut faire la démonstration de produits.

Ces sujets sont attirés par le sport ou le monde du spectacle – mais ils risquent de ne pas avoir l'endurance nécessaire à ces domaines. Leur amour du changement et de la diversité sont aussi les mener à la politique.

La main de terre

Les personnes aux paumes carrées et légèrement plus longues que les doigts sont terre à terre, fiables et conventionnelles. Elles sont parfaites dans le maintien de l'ordre et ne feront pas de choses irréfléchies. L'autodiscipline est pour elles essentielle et elles dégagent calme et autorité en toutes circonstances.

Elles sont très attachées aux traditions et n'enfreindront pas aux règles, même pour parvenir à leurs fins. Leur intérieur est toujours soigné et ordonné. Elles sont douées pour les activités en plein air comme le jardinage, l'agriculture ou le bâtiment et elles aiment les animaux.

Lorsque la courbe du bord extérieur de la paume est marquée ou forme une bosse prononcée, c'est le signe d'une grande créativité. Ces sujets sont souvent très manuels.

Colérique

Il est très désagréable de se faire accabler de reproches par les sujets à main de terre – Gare à vous si vous faites une erreur !

Des esprits créatifs
Des doigts longs et fins et des paumes osseuses sont caractéristiques des sujets aux mains d'air.

MAINS D'AIR ET D'EAU

Ces sujets ne sont pas toujours aussi terre à terre que les sujets aux mains de feu ou de terre. Les sujets aux mains d'air ont tendance à avoir la tête dans les nuages et à réfléchir mûrement aux choses tandis que les sujets aux mains d'eau se laissent emporter facilement par leur imagination. La créativité des personnes aux mains d'air et aux mains d'eau fait qu'elles s'enthousiasment rapidement.

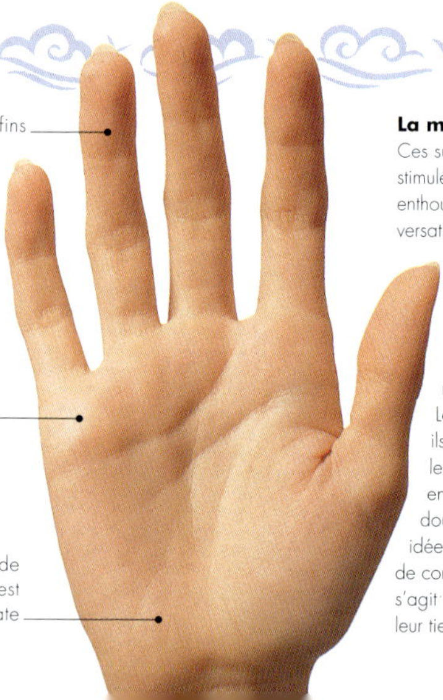

La main d'air
Ces sujets aiment être constamment stimulés intellectuellement et sont très enthousiastes bien que d'humeur très versatile. Ils sont très attachés à leur partenaire. Ils attachent de l'importance au fait d'être à un niveau comparable à celui de leurs amis.

La communication joue une rôle important dans leur vie. Lorsque l'ambiance est détendue ils font des plaisanteries et lorsque le ton est sérieux ils se comportent en conséquence. Ils sont souvent doués pour lancer de nouvelles idées et sont capables de séduire et de convaincre leur auditoire lorsqu'il s'agit de mener à bien un projet qui leur tient à cœur.

La compatibilité

Les différents types de mains ne sont pas toujours aussi compatibles que cela.

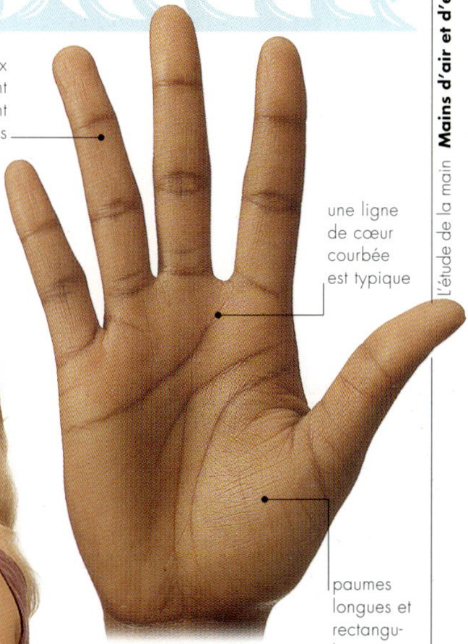

La main d'eau

Les sujets aux main d'eau excellent dans les professions médicales et paramédicales car ils savent écouter les personnes ayant besoin d'attention et de compassion dans le cadre de leur traitement.

Ils sont aussi à l'aise dans l'industrie des produits de beauté ou dans les milieux artistiques où ils peuvent exprimer pleinement et librement leurs émotions. Certains sont de bons écrivains capables de produire à longueur de journée des fictions romantiques à condition que les délais à respecter ne soient pas trop courts.

Les mains d'air et d'eau

Communicatives
Les sujets aux mains d'air sont souvent standardistes.

La main d'air

La main d'air type est carrée à doigts souples plus longs que la paume. Ces sujets équilibrés et fiables sont très créatifs et cherchent à varier leurs activités. Ils doivent être constamment occupés car ils s'épanouissent au mieux dans l'action !

Ces sujets sont trés sociables et cherchent la compagnie des autres. Cependant, même s'ils sont appréciés, ils donnent l'impression, dans leurs relations affectives, de toujours vouloir contrôler la situation comme s'ils avaient peur de se laisser aller. Ils ont souvent du mal à exprimer leurs sentiments et ne se laissent pas entraîner à des réactions impulsives.

Autant ils semblent apprendre de leurs expériences, autant ils semblent incapables de faire face aux problèmes au sein de leur couple. Par conséquence leur vie privée est très instable. Ils passent trop de temps à mûrir leurs réponses et abordent les problèmes avec une logique excessive.

Les sujets aux mains d'air s'épanouissent dans le domaine de la communication où ils excellent. Ils sont doués pour les langues et les technologies modernes comme l'Internet.

Beaucoup travaillent dans l'industrie du spectacle où ils s'épanouissent grâce à leur esprit vif et leur calme. De nombreux acteurs aux mains d'air passent derrière la caméra et deviennent d'excellents metteurs en scène. Ils apprennent rapidement à devenir producteurs car ils savent tirer parti des difficultés. Ils savent aussi gagner de l'argent et le conserver.

La main d'eau

Une paume longue et rectangulaire accompagnée de doigts longs et gracieux sont typiques des sujets aux mains d'eau. Ils sont très émotifs ce qui peut leur jouer des tours. Leur humeur étant très changeante, il est difficile de deviner ce qu'ils vont faire ou la façon dont ils vont réagir.

Leurs compétences varient en fonction des circonstances, ils sont de caractère inconstant, changeant et impressionable et souvent peu fiables car ils se laissent guider par le cœur et non pas par la tête.

Il leur faut donc apprendre à garder constamment les pieds sur terre. Chacune de leurs nouvelles relations les transporte dans un monde à eux. Ils tombent probablement plus amoureux de l'amour en tant que tel que de son objet.

Des sujets sensibles

Les sujets aux mains d'eau ou mains sensibles sont vulnérables et ont du mal à faire face aux pressions du monde moderne.

LES DOIGTS

La forme et le développement des doigts, individuellement ou collectivement illustrent l'aspect instinctif de la personnalité du sujet, tandis que la paume représente l'aspect pratique du sujet. Les doigts doivent être examinés de tous les côtés et les deux mains doivent être comparées l'une avec l'autre. Il est important d'étudier leurs relations non seulement les uns par rapport aux autres mais aussi par rapport aux autres parties de la main. Les extrémités seront traitées ultérieurement.

Jupiter

Jupiter est associé à la connaissance et à l'apprentissage, son doigt est l'index.

Saturne

Saturne est associé à l'équilibre, la restriction et la prudence, il correspond au majeur.

Apollon

Apollon implique créativité et joie de vivre, il règne sur l'annulaire.

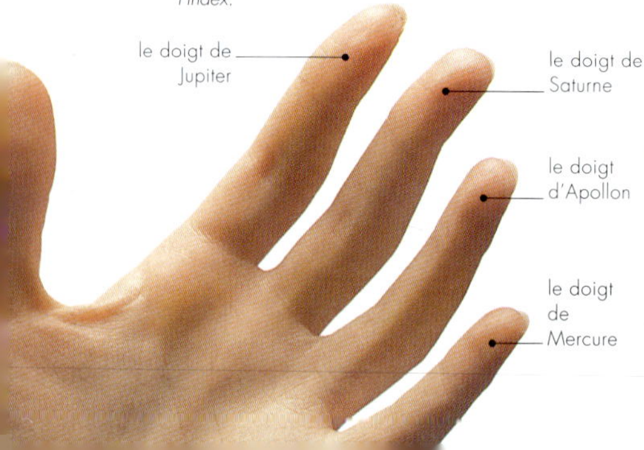

Mercure

Mercure, le messager des dieux correspond à l'auriculaire car il donne du volume aux gestes.

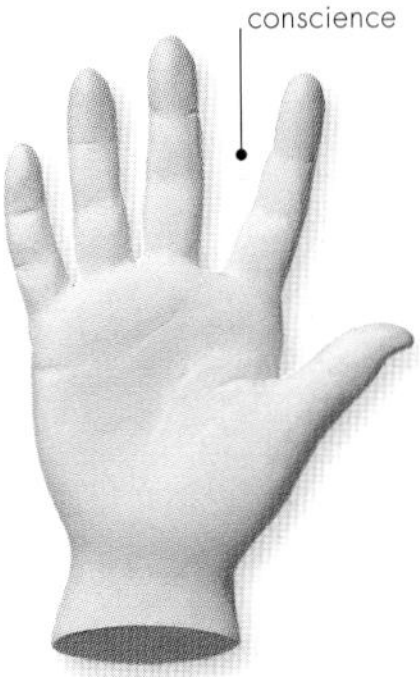

L'index et le majeur

Un espace important entre l'index et le majeur indique une grande confiance en soi et un caractère indépendant. Ces personnes sont des meneurs.

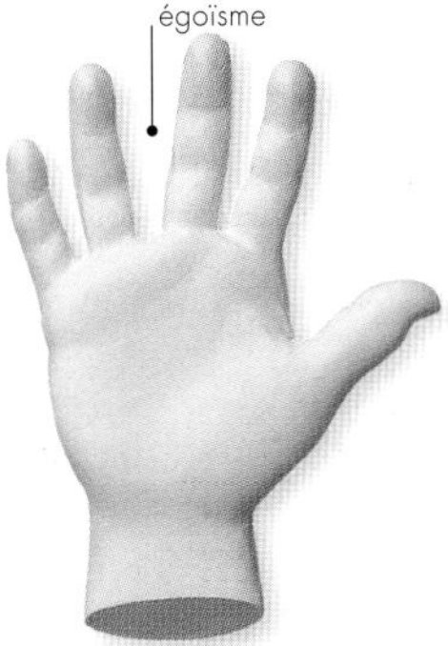

Le majeur et l'annulaire

Un espace important entre le majeur et l'annulaire montre une personne pleine de ressources et égoïste, qui ne pense pas aux autres en prenant ses décisions.

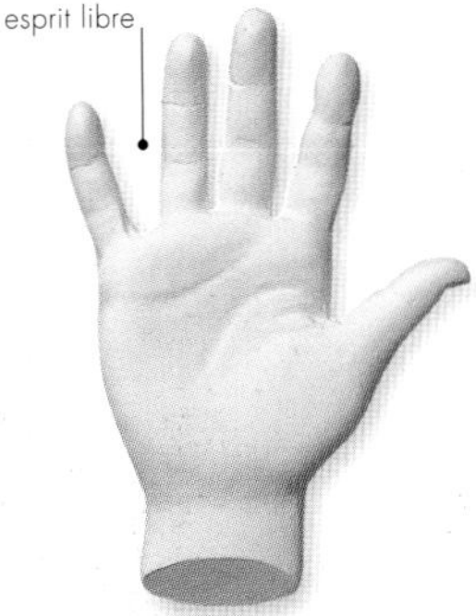

L'annulaire et l'auriculaire

Un espace important entre l'annulaire et l'auriculaire dénote une personne solitaire éprise de liberté qui déteste gâcher son énergie et son temps.

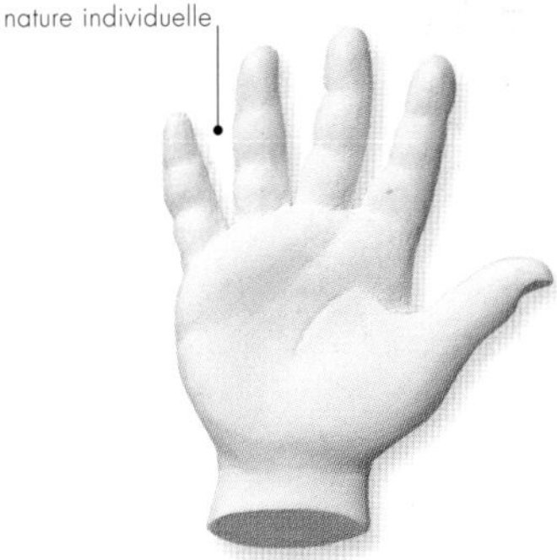

Tous les doigts

Des espaces importants entre tous les doigts dénotent un sujet extraverti, ce type de personne fait grand cas de son individualité et de sa liberté d'esprit.

La longueur et l'aspect

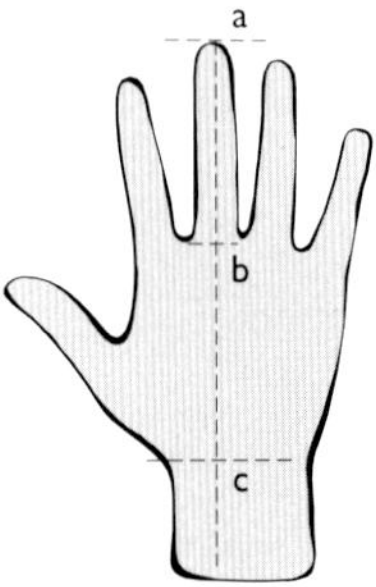

La longueur des doigts
Comparez la longueur du majeur par rapport à la paume.

Pour savoir si des doigts sont longs ou courts, prenez une règle et mesurez du bout du majeur (a) à sa base (b). A partir de ce point, mesurez la paume jusqu'au point où les empreintes palmaires s'arrêtent (c).

Si le majeur est plus court que la paume, les doigts sont considérés comme courts. S'il est plus long que la paume, les doigts sont considérés comme longs. Il est assez rare que le majeur soit plus court que les autres doigts mais, dans un tel cas, mesurez le doigt le plus long à la place du majeur.

Les doigts lisses

Un sujet aux doigts lisses, c'est à dire sans bosses ni nœuds au niveau des articulations est perspicace, versatile et intuitif. Les doigts courts révèlent une forte tendance à l'impulsivité.

Les sujets aux doigts lisses et longs sont doués pour le travail minutieux et réfléchissent avant d'agir.

Les doigts noueux

Les bosses et les nœuds sur les articulations servent de postes de contrôle qui filtrent les flux d'informations entrantes. La présence de nodosité sur chacune des articulations suggère une nature très critique.

Des articulations supérieures noueuses indiquent un sujet difficile à satisfaire et qui essaie d'anticiper les obstacles. Des articulations inférieures prononcées sont typiques des sujets pragmatiques et méthodiques.

Les articulations

Les sujets aux articulations régulières ont une allure toujours soignée quelle que soit leur tenue. Ils sont en général attentifs à leur régime alimentaire et à leur condition physique. Les personnes aux articulations irrégulières ont l'air soigné en apparence mais si leur appartement semble rangé, vous n'avez qu'à ouvrir un tiroir ou soulever un coussin pour découvrir leurs défauts.

Chaque doigt doit être examiné attentivement phalange par phalange. Vérifiez la présence de nœuds ou de bosses prononcées entre les phalanges et sur les articulations. Prenez le temps de comparer chaque doigt avec son voisin et notez les différences.

Ensuite, comparez chacun des doigts avec son pendant sur l'autre main. Il existe presque toujours de légères différences qui peuvent révéler certains traits de caractères particuliers qui vous avaient échappé au premier examen.

Le pouce

Pour obtenir des informations afin de connaître la signification de la longueur et de la forme du pouce, consultez les pages 38 à 41.

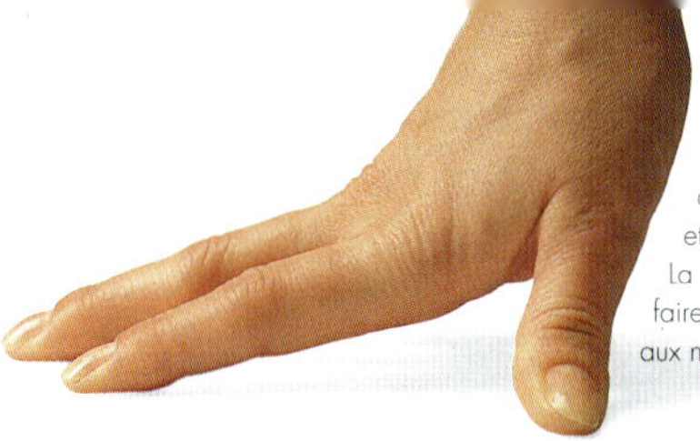

La souplesse
Des doigts souples dénotent un esprit vif et une bonne nature. La personne souhaite faire plaisir et sait réagir aux nouveautés.

LA SOUPLESSE ET LES ONGLES

La souplesse de la main reflète le caractère d'une personne : une main souple indique un esprit souple, tandis qu'une main raide dénote une nature têtue ou obstinée. Une main ouverte dénote un esprit ouvert tandis qu'une main fermée suggère un esprit mesquin et critique. Il est également important d'étudier les ongles du sujet pendant la lecture de la main; ils vous donneront des informations essentielles sur la santé et le mode de vie du sujet.

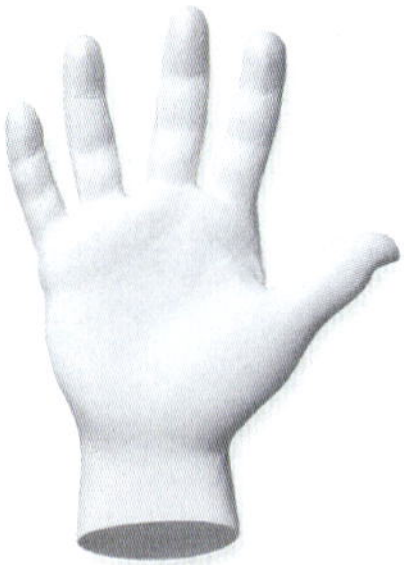

Des espaces restrints
L'espace entre les doigts est soit restreint soit important. Un espace restreint entre l'index et le majeur indique un sujet qui préfère suivre les autres que de mener. Cette personne manque de confiance en elle.
Un espace restreint entre le majeur et et l'annulaire suggère que le sujet est toujours tourné vers l'avenir.

Un espace restreint entre l'annulaire et l'auriculaire est le signe d'une personne dépendante vis-à-vis des autres et qui pense que l'union fait la force.

Si tous les espaces entre les doigts sont restreints, la personne est de nature renfermée, subjective et sensible à ce que les autres pensent d'elle. Dans un tel cas, ces personnes prennent rarement l'initiative.

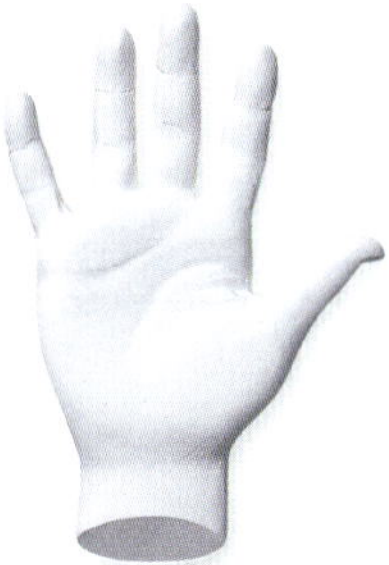

Le manque de souplesse
Des doigts raides et durs s'accompagnent d'une nature têtue et obstinée à tendance égoïste. Ce sujet est plutôt conservateur et conventionnel.

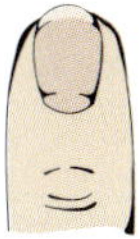

Ongle en forme d'amande

Les personnes ayant des ongles en forme d'amande sont stables, raffinées, loyales, honnêtes et d'excellents amis.

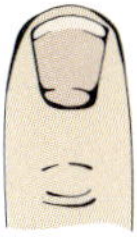

Ongle en forme de coquillage

Cet ongle reflète une santé fragile et une sensibilité à fleur de peau liée à un état posttraumatique.

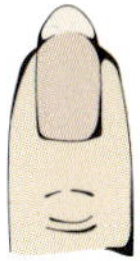

Ongle en forme de griffe

Cet type d'ongle témoigne d'une mauvaise alimentation qui risque d'affecter la santé du sujet.

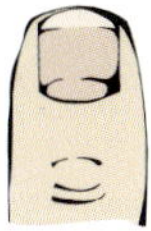

Ongle carré

Un ongle court et carré indique une nature foncièrement critique qui manque de chaleur et de profondeur de sentiment.

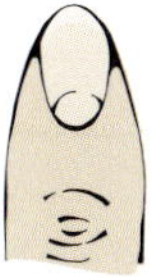

Ongle en bonne santé

Les ongles vous informent sur l'état de santé. Vérifiez régulièrement les vôtres.

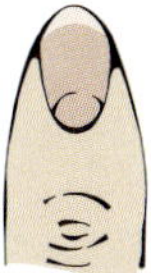

Ongle rouge

Des ongles rouges se trouvent chez les personnes à fort tempérament.

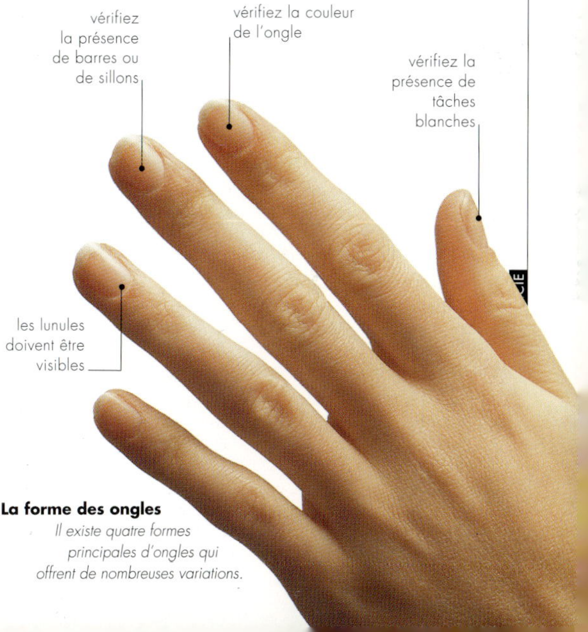

La forme des ongles

Il existe quatre formes principales d'ongles qui offrent de nombreuses variations.

La disposition des doigts

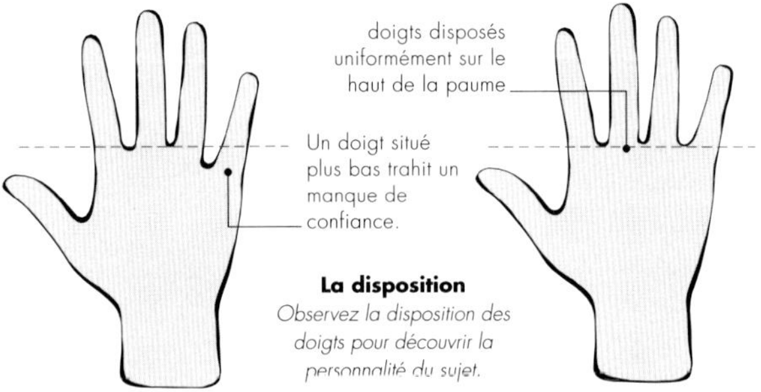

La disposition
Observez la disposition des doigts pour découvrir la personnalité du sujet.

La disposition des doigts du sujet doit être prise en compte. Il existe quatre types de mains qui peuvent être comparés aux voûtes architecturales : la plus courante est la voûte romane où le pont central est formé par le majeur, l'index et l'auriculaire étant plus bas. Placés très bas, ils forment une voûte perpendiculaire.

Un index bas indique un manque de confiance en soi; plus il est placé bas moins cette personne est dynamique. Un auriculaire bas révèle un complexe d'infériorité toujours accompagné d'un manque de confiance en soi. Parfois les doigts sont disposés de manière rectiligne le long de la paume comme une voûte de style Tudor. C'est une personne équilibrée qui fait contre mauvaise fortune bon cœur et qui connaît sa propre valeur.

Enfin, lorsque les doigts sont disposés de manière décroissante entre un index haut et un auriculaire bas, ces sujets ont une confiance en eux exagérée; ils passent leur temps à tromper jusqu'à ce qu'ils soient démasqués. Tout en observant la disposition des doigts, vous devez toujours tenir compte de l'apparence de l'ensemble de la main. Une grande main ouverte aux larges espacements et aux doigts répartis régulièrement suggère une personne sûre d'elle toujours prête à discuter et à coopérer.

La taille de la main et les voûtes

Une grande main à voûte romane montre une personne passive qui ne fera pas de vagues à moins qu'elle ne se sente menacée. Cette attitude est encore plus prononcée chez les sujets aux petites mains qui manquent parfois de confiance en eux. Les sujets aux grandes mains avec une voûte perpendiculaire trompent et emploient la taille de leurs mains pour paraître plus sûrs d'eux qu'ils ne le sont. Les sujets aux petites mains simulent pour donner l'impression de maîtriser leur vie. Les sujets qui ont une voûte de style Tudor sont sûrs d'eux ; si leurs mains sont petites ou grandes et raides, ils sont têtus. Les personnes dont les doigts sont répartis de manière décroissante entre un index haut et un auriculaire bas font toutes preuve d'une confiance en elles exagérée.

La pulpe

La pulpe des doigts sur la première phalange montre un sens du toucher extrêmement développé.

LE POUCE

LE POUCE a toujours été considéré comme la partie la plus importante de l'analyse d'une main. Il est connu depuis des siècles pour être la signature de la main et un élément majeur de l'évaluation du caractère. Les deux pouces d'une personne ne sont jamais complètement identiques; les différences même minimes doivent être prises en compte particulièrement lorsque les deux mains sont d'un aspect général très différent.

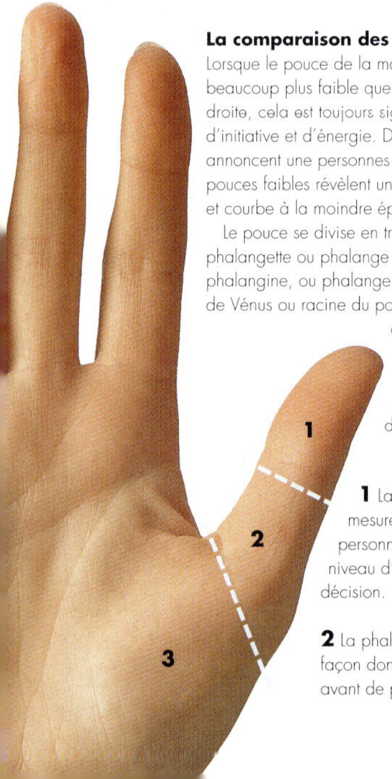

La comparaison des pouces
Lorsque le pouce de la main gauche a l'air beaucoup plus faible que le pouce de la main droite, cela est toujours signe d'un manque d'initiative et d'énergie. Deux pouces forts annoncent une personnes difficile et têtue. Deux pouces faibles révèlent une personne qui vacille et courbe à la moindre épreuve.

Le pouce se divise en trois parties : la phalangette ou phalange de la volonté; la phalangine, ou phalange de raison; et le mont de Vénus ou racine du pouce. Cette dernière est le siège des émotions et devrait toujours être charnue comme si elle débordait d'énergie.

1 La phalangette donne la mesure de la volonté d'une personne et indique son niveau d'énergie et de décision.

2 La phalangine montre la façon dont la personne raisonne avant de prendre une décision.

3 La racine du pouce ou mont de Vénus doit être bien développée, ferme et élastique. Cette phalange représente les émotions et l'énergie physique. C'est pourquoi plus elle est développée plus le sujet a de l'énergie pour faire face aux défis.

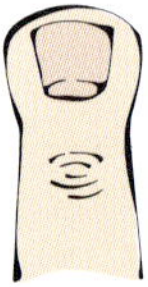

Le pouce spatulé
L'extrémité spatulée d'un pouce est typique d'une personne manuelle à l'esprit pratique. Cependant ces personnes ont tendance à se laisser distraire et à abandonner une tâche en cours pour essayer quelque chose de nouveau.

Le pouce effilé vers le haut et mieux vu de côté dénote une grande force de persuasion.

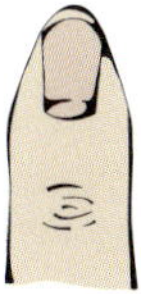

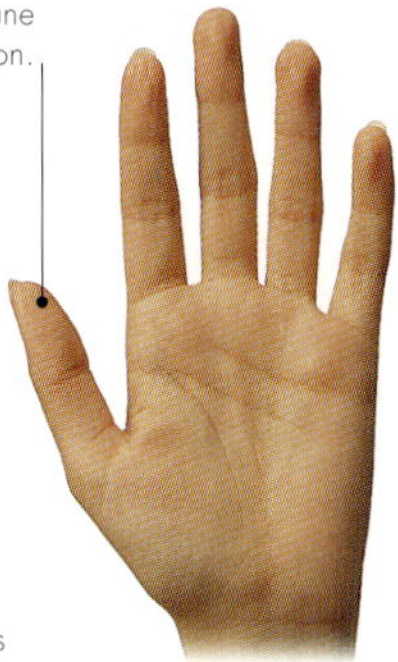

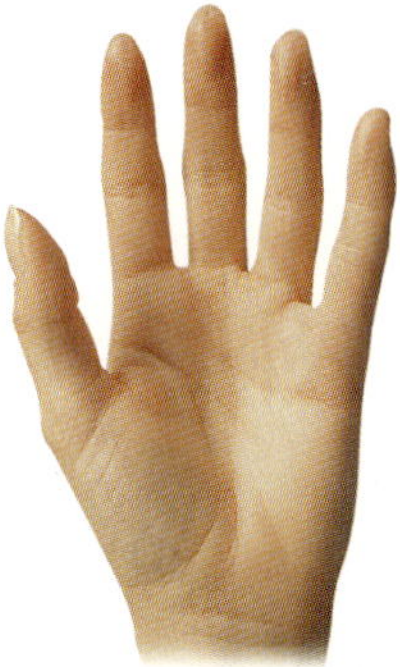

Le pouce pointu

Une extrémité pointue indique une personne idéaliste qui sait comment faire son chemin. Elle est très convaincante et a le don pour découvrir les faiblesses des autres et en tirer partie. Si l'extrémité est douce au toucher, la personne aura tendance à être plus docile.

Le pouce placé bas

Plus le pouce est placé bas sur le côté, plus la personne est inspirée. Si l'angle est important, c'est un aventurier et s'il est étroit une personne conventionnelle.

Le pouce placé haut

Un pouce placé haut, loin du poignet suggère un sens créatif affirmé.

L'extrémité carrée

Une extrémité carrée suggère une personne réaliste plutôt tyrannique mais qui donne l'exemple. Elle est foncièrement loyale et juste. Ces personnes peuvent paraître insensibles lorsqu'elles sont à des postes de direction.

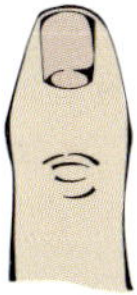

L'extrémité conique

Les sujets ayant des pouces à extrémités coniques ou arrondies se laissent facilement distraire. Même si elles sont vives et sensibles elles ne sont pas toujours aussi engagées qu'elles en ont l'air.

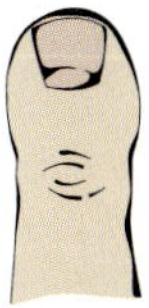

Le pouce charnu

Le pouce charnu, l'ancien « pouce de l'assassin », dénote une attitude très physique et de fortes envies. L'expression « toute résistance est inutile » est particulièrement adaptée ici car ces personnes sont pleines de tempérament.

La longueur et l'angle

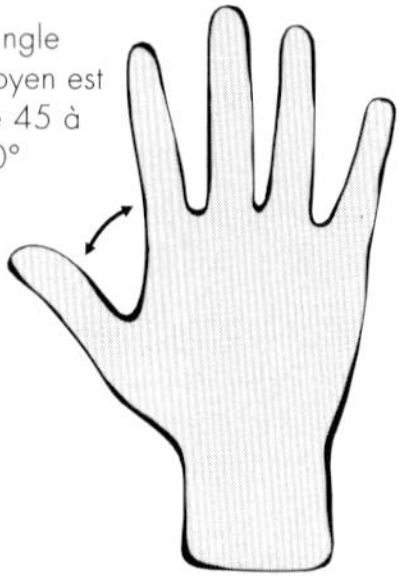

L'angle

Un angle faible signifie la prudence et un angle important la générosité.

La longueur du pouce doit être à peu près égale à celle de l'auriculaire ou, lorsqu'il est maintenu à côté de l'index, le pouce doit atteindre au moins la moitié de sa phalange. Lorsque le pouce est détendu et dans sa position naturelle, l'angle entre le pouce et l'index doit être d'au moins de 45° à 90°.

Plus cet angle est faible plus la personne est mesquine, pleine de préjugés et limitée. Un angle supérieur à 90° est un signe de fermeté et d'aptitude à diriger. Lorsque le pouce est aligné avec les doigts de sorte que tous les ongles sont visibles, la personne sera spontanée et enthousiaste. Lorsque le pouce fait face aux doigts ou lorsqu'il forme un angle droit avec l'index, c'est le signe d'une grande maîtrise de soi. Il est difficile de connaître intimement ces personnes.

Les phalanges du pouce

Un pouce long mais bien proportionné dénote une bonne maîtrise de soi avec une aptitude saine au commandement. S'il est plus long que la moyenne, la personne sera têtue et très déterminée.

Plus la phalangette est longue, plus la personne est déterminée. Une phalangette très longue implique une nature tyrannique, tandis qu'une phalangette courte suggère un manque d'autorité.

Une phalangine courte révèle un manque de rationnalité, le sujet est plutôt intuitif. Si la phalangine est courte et fine, la personne ne s'épanouit que dans un cadre familier. Plus la phalangine est longue, plus le sujet doit réfléchir avant d'agir. Une phalange courte mais épaisse montre que le sujet manque de tact et de diplomatie, tandis que si la phalange est longue et fine le sujet est logique mais a tendance à se perdre dans les détails. Le sujet à phalange fine (à côtés concaves) a du charme, du tact et de la diplomatie.

Si la pulpe du pouce est beaucoup plus développée que celle des autres doigts, les appétits physiques seront très importants. Si elle est peu développée, le sujet manque d'énergie ou d'enthousiasme. Le pouce doit toujours sembler appartenir à la main. Il ne doit pas être trop gros ou épais ni avoir l'air faible ou ineffectif.

Traditionellement, le pouce a toujours été considéré comme étant la signature de la main. Lorsque vous êtes en présence d'un pouce qui ne semble pas faire partie de la main vous devez l'interpréter en conséquence.

La souplesse

Une extrémité de pouce souple montre un sujet impulsif et une extrémité rigide indique un sujet très discipliné qui ne fait pas de compromis.

Francis Galton

Un profile de Francis Galton, le père du système d'empreintes modernes.

LES EMPREINTES

Toutes les paumes, les doigts et en particulier le bout des doigts sont couverts de fines stries et ridules appelées lignes capillaires qui font partie des signes distinctifs permettant d'identifier les individus au cours des enquêtes de police. En chiromancie, ces dessins sont associés au caractère et à la personnalité. De tels dessins sont aussi présents sur la plante des pieds et sous les orteils. Ces lignes se forment dans l'utérus et ne se modifient jamais; après le décès d'une personne une empreinte est parfois la seule manière de l'identifier.

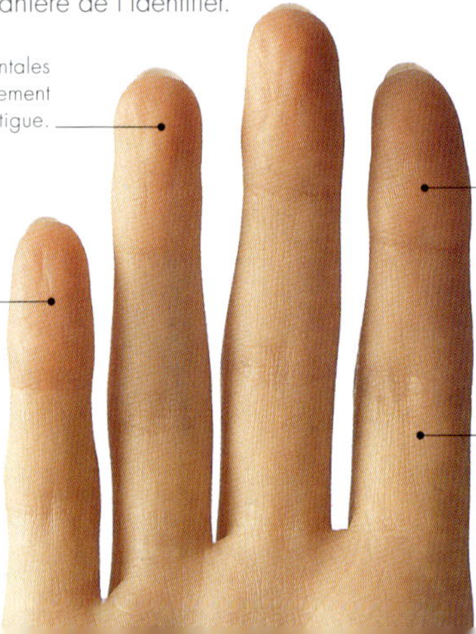

Informatifs

Les dessins et les lignes des doigts fournissent de nombreuses informations.

La boucle

La boucle évoque une souplesse émotionnelle. Le sujet est généralement flexible et coopératif.

Le tourbillon

Le tourbillon suggère une personne de caractère renfermé, qui se consumme intérieurement.

L'arche incurvée

Les sujets avec une arche incurvée sont des idéalistes qui aspirent à un monde parfait et qui sont hostiles à la critique.

L'arche

L'arche indique une personnalité « sel de la terre ». Ces sujets sont serviables, conventionnels et honnêtes.

La composée

Elle se compose d'une arche, d'une arche incurvée ou d'une boucle avec un tourbillon.

La variante

Un ou deux doigts peuvent présenter des variations qui s'étudient comme des composés.

Une image plus nette

Utilisez une loupe pour observer les empreintes digitales en détail.

Les motifs des empreintes

Il faut garder à l'esprit que nous discutons de ces motifs en chiromancie et non pas dans le cadre d'une enquête criminelle qui se base sur une classification beaucoup plus complexe. En chiromancie, il existe trois principaux types d'empreintes : l'arche, la boucle et le tourbillon.

Unique
Chaque empreinte a un motif unique.

L'arche

Le motif de l'arche ressemble à un petit pont en dos d'âne et suggère une personne compétente et fiable à qui on peut faire confiance et qui sait se sortir de situations difficiles. Ces sujets sont des amis fidèles et des employés fiables.

L'arche incurvée

Celle-ci ressemble souvent à une grande boucle étirée vers le haut de la phalange. Les arches incurvées impliquent la joie de vivre. Ces sujets sont idéalistes, réformateurs et aiment le changement et la nouveauté. Ils maîtrisent la flatterie et savent parvenir à leurs fins.

La boucle

La boucle est soit ulnaire soit radiale. La boucle ulnaire lance son lasso du bord extérieur de la paume, tandis que la boucle radiale commence du côté du pouce, s'enroule, puis revient à son point de départ. La boucle est toujours signe de flexibilité.

Les sujets à boucle ulnaire agissent instinctivement et doivent être poussés à l'action; ils sont suiveurs plutôt que meneurs car ils cèdent rapidement sous la pression. Les sujets à boucle radiale sont aussi flexibles que les autres mais ils sont plus courageux. Ils résistent à la pression, sont légèrement plus ambitieux et mèneront si nécessaire.

Le tourbillon

Le tourbillon révèle presque toujours le caractère inflexible des individualistes. Leur caractère paraît froid et ils sont difficilement abordables, à moins que ce ne soit une difficulté à s'ouvrir aux

autres. Ils savent cependant réagir dans l'urgence.
Les personnes avec un tourbillon sur l'auriculaire sont trop prudentes pour se laisser influencer. Les ragots les blessent car ils ne sont pas toujours fondés. Têtues et déterminées, elles ont bon goût.

Les variantes

Le motif en tourbillon est composé d'une série de cercles concentriques. Un tourbillon mixte combine une boucle et une arche dans la partie externe du cercle. Il existe aussi des boucles jumelles ou doubles. Leur signification est identique à celle du tourbillon standard.

Le tourbillon composé est typique des personnes ayant des compétences pratiques et qui voient les différents aspects d'une question et jouent à merveille les avocats du diable.

Les variantes des tourbillons

Notez les variations des tourbillons car elles sont rares. Déterminez le motif dominant qui détermine l'expression d'ensemble.

L'EMPREINTE DE LA MAIN

La chiromancie est une science très ancienne qui permet d'évaluer le caractère et la personnalité d'un sujet, de définir ses talents et ses capacités et d'évaluer ses dispositions et sa santé. La prise d'empreinte est la seule méthode sérieuse d'analyse. En observant pour la première fois l'empreinte d'une main, vous serez surpris par la quantité de détails. La luminosité, la finesse des détails et le manque de temps consacré à l'étude font que tous ces détails ne sont pas toujours visibles sur la main nue. L'empreinte de la main vous laisse le temps d'étudier et de faire des recherches et vous permet de constituer votre propre librairie.

La prise d'empreinte

Il vous faut une petite plaque de verre de 30 à 35 cm de diamètre, un rouleau de photographe de 10 cm, une feuille blanche A4, un rouleau à pâtisserie en bois de 5 à 6 cm de diamètre, un stylo ou crayon, une règle, un torchon, une loupe, un compas et un tube d'encre noire à base d'eau. L'encre spéciale pour empreintes digitales est difficile à retirer. L'encre à base d'eau disparaît en passant les mains sous l'eau froide pendant quelques minutes. Lavez-vous ensuite les mains avec de l'eau chaude savonneuse.

1 *Pressez/cm* d'encre sur la plaque de verre *et étalez-la uniformément.*

2 *A l'aide du rouleau, enduisez la main et l'intérieur du poignet. Placez la feuille de papier sur le rouleau à pâtisserie.*

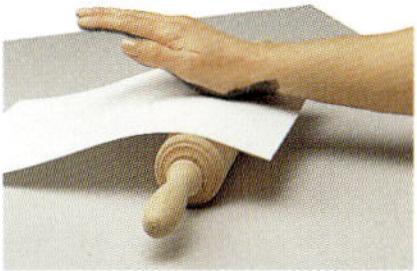

3 *Placez le poignet sur le haut de la feuille et faites rouler vers vous la main enduite d'encre sur le rouleau à pâtisserie.*

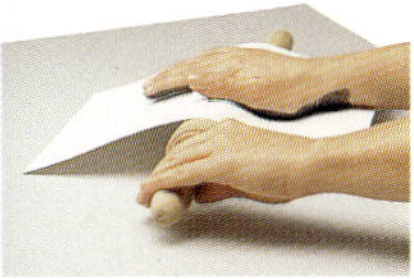

4 *En roulant, prenez garde à maintenir une pression régulière afin d'imprimer les empreintes digitales et le pouce.*

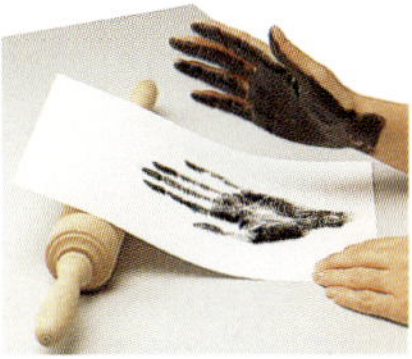

5 *Décollez la main du papier et non pas l'inverse, l'empreinte risque sinon d'être floue. Elle séchera en quelques minutes.*

Gauche-droite

Lorsque vous prenez des empreintes, notez s'il s'agit de la main droite ou de la main gauche sur le dos de la feuille et les détails dont vous voulez vous souvenir comme la description du dos de la main, des détails sur les ongles, la souplesse, les nœuds et autres signes distinctifs.

Pour une analyse rapide, vous pouvez aussi saupoudrer les mains de talc et les frotter doucement l'une contre l'autre; les dessins de la paume apparaîtront en relief

La lecture des empreintes

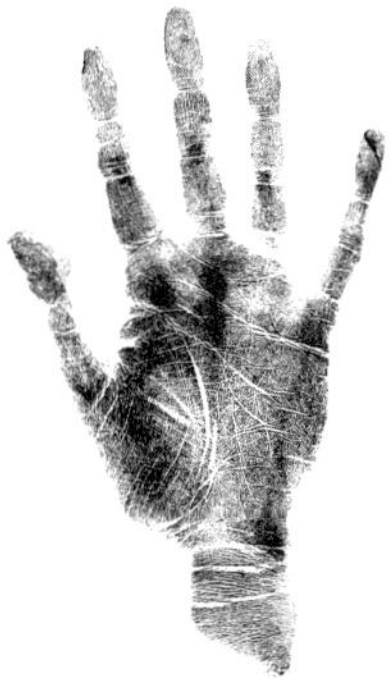

Votre vie dans votre main
Les empreintes palmaires sont plus que de simples lignes.

Les entretiens sont parfois courts ou se font en plusieurs séances. Vous ne pouvez pas toujours vous rappeler de tous les détails, il est donc important que vous preniez des notes. Les empreintes vous servent alors de matériel de référence. Même si vous étudiez plusieurs fois l'empreinte d'une main, vous trouverez toujours un détail qui vous aura échappé. Si vous suivez une personne pendant une longue période, les empreintes prises attesteront de tous les changements. Chaque empreinte est un négatif de la main, ainsi les lignes blanches sont les lignes de la main et si le pouce est du côté droit il s'agit d'une copie de la main gauche et vice versa.

Une empreinte de bonne qualité devrait vous premettre de lire les empreintes digitales et les lignes palmaires à l'œil nu. Mais vous pouvez aussi vous aider d'une loupe.

Les événements de la vie

Il est rare qu'une main change de forme. Une main carrée peut s'adoucir et s'arrondir avec le temps même si cela est inhabituel. Quelques chiromanciens rapportent de tels changements mais ils sont très rares et échelonnés dans le temps.

Cependant les lignes peuvent se modifier effectivement en fonction des expériences vécues par le sujet. Si ces événements sont suffisamment importants pour marquer le psychisme et la mémoire du sujet, alors la paume en portera aussi la trace.

C'est dans de tels cas qu'une empreinte de la main montre sa véritable valeur. Un chiromancien devrait posséder des empreintes prises à intervalles réguliers de ses clients de longue date. Dans un premier temps, seuls des changements occasionnels peuvent être observés mais un divorce difficile ou une mort tragique modifieront les lignes principales. Un événement qui vous paraît mineur peut avoir un effet dévastateur sur une autre personne. Ayez votre propre sensibilité à l'esprit pour comprendre les réactions des autres à certains événements.

L'empreinte du pouce

Une empreinte du pouce doit être faite séparément en plaçant une feuille au bord de la table. Posez l'extrémité du pouce sur la feuille et déroulez dans une seule direction.

Créatif

Les personnes avec un delta sur le centre du mont d'Apollon ont l'esprit pratique et sont créatives.

LES EMPREINTES PALMAIRES

Les lignes et les sillons de la surface palmaire qui sont similaires aux motifs des empreintes digitales forment une variété de motifs différents qui représentent certains traits du caractère et de la personnalité. Chacun des monts à la base des doigts a un point central identifiable – le delta – qui est le point de rencontre des arêtes et des sillons de la peau, le triradius en dermatoglyphie. Ces points centraux servent à analyser le comportement d'une personne. Les monts se fondent parfois entre deux doigts et forment ainsi un mont plus important ce qui fait pencher les points centraux d'un côté ou de l'autre.

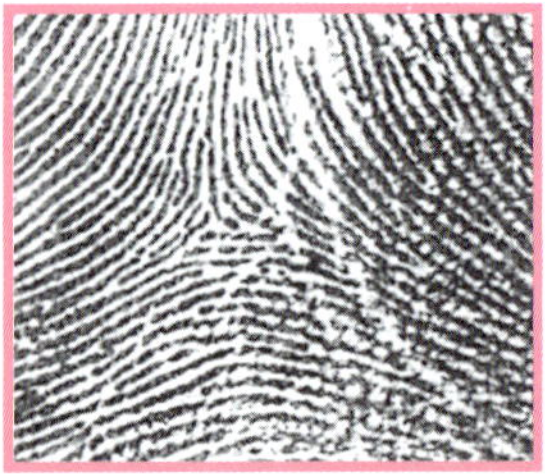

Comment localiser le delta

Pour localiser le point central, repérez la formation triangulaire à laquelle se rejoignent les lignes et les sillons. Le delta est le point de rencontre des lignes et des sillons.

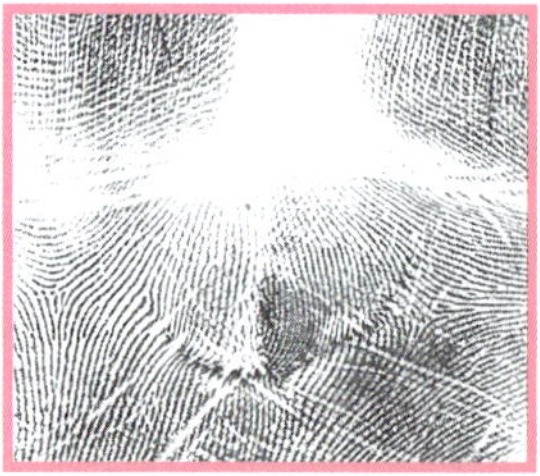

Le delta sur le mont

Un delta plus proche de l'index que du majeur se lit comme un mont de Jupiter / Saturne; plus proche du majeur, lisez le comme un mont de Saturne / Jupiter.

Les motifs ouverts ou fermés

Il existe deux différents types de motifs : fermé ou doux, et rugueux ou ouvert. Si le motif est fermé, cela dénote la nature douce et raffinée d'une personne persuasive et réceptive. Les motifs ouverts de profonds sillons et de lignes se trouvent sur les mains de personne physiquement actives. Ils indiquent une personne matérialiste aux vues pratiques.

Les deltas sur les monts

Chaque mont a un delta dans le motif de la peau qui sert à définir le centre de ce mont.

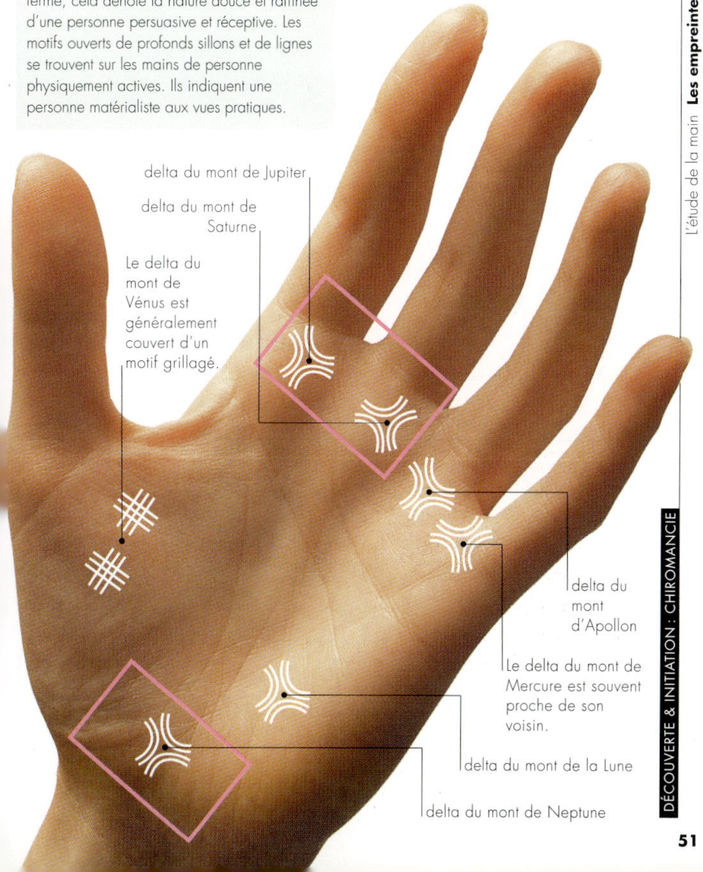

Les deltas sur les monts

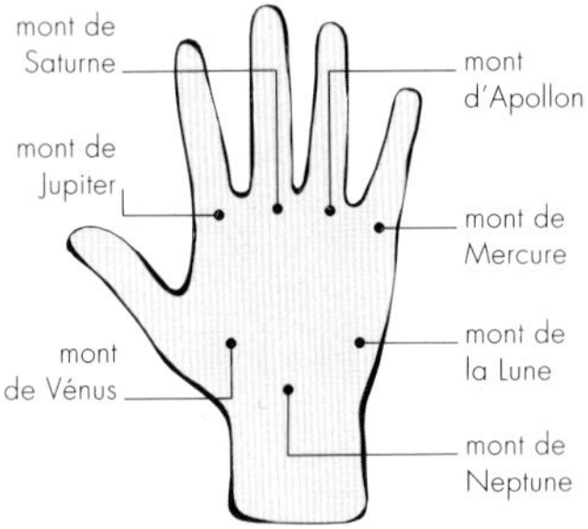

Les monts

Des protubérances sous les doigts et sur la paume s'appellent des monts.

Le mont de Jupiter

Un delta centré est signe d'intégrité, d'orgueil et d'un sens des responsabilités. Proche du pouce, il signale une aversion contre la bureaucratie; proche du majeur, il indique un sujet très respectueux de l'autorité.

Le mont de Saturne

Le delta placé haut vers l'index ou le majeur dénote un sens pratique. Proche du doigt de Jupiter, le sujet a sûrement une activité collective, tourné vers le doigt d'Apollon, le sujet est plus sociable.

Le mont d'Apollon

Un delta placé au centre dénote une nature artistique concrète. S'il est tourné vers le majeur, le sujet n'accorde pas facilement sa confiance et est inhibé. Tourné vers le mont de Mercure, il annonce un vendeur né, doué pour gagner et perdre de l'argent. Parfois les règles sont enfreintes et il y a fraude.

Le mont de Mercure

Ce delta est rarement centré, il est presque toujours tourné vers l'intérieur. Quand le delta est centré sous l'auriculaire, le sujet est populaire. Placé sous l'annulaire, il est signe de talent pour la communication. Placé près de l'extérieur de la main, ces qualités sont amplifiées.

Le mont de la Lune

S'il est présent, le triradius agit comme une ligne entre le mont de la Lune et celui de Vénus et s'oriente vers le mont de la Lune. Plus il est bas, moins il a d'effet, mais un delta haut placé est signe de faiblesse du système cardio-vasculaire. Si la ligne de vie passe au travers du triradius, la personne ne fera pas véritablement carrière. Lorsque la ligne du Soleil traverse le motif, les espoirs se réalisent rarement.

Le mont de Vénus

Ce delta est souvent couvert d'un motif grillagé mais est parfois visible. Placé au milieu du mont il est signe de bonne constitution et de libido. Placé bas, le sujet est guidé par des instincts primitifs. Haut placé le delta est signe de pruderie.

Le mont de Neptune

L'effet du delta semble ici limité, mais si la ligne de vie y commence, y finit ou le traverse, le sujet peut être attiré par l'astrologie ou des activités similaires.

Les monts

Pour plus d'informations concernant les monts et leur signification, voir pages 74 à 77.

Les bagues
Les bagues amplifient la signification des doigts qu'elles ornent.

BAGUES ET ACCESSOIRES

La chiromancie est plus que la simple observation et l'interprétation de la main. Une impression d'ensemble est importante. Si la personne porte une montre, notez comment et à quel poignet car cela vous aidera pour votre évaluation générale. En général, la montre se porte au poignet gauche, le fait de la porter au poignet droit peut indiquer un sujet confus ou gaucher, ambidextre, ou un poseur. Des sportifs ou des travailleurs en plein air portent parfois leur montre à l'intérieur du poignet pour la protéger. Mais les bagues ont des significations divergentes.

Les montres
Les montres analogiques dénotent une approche traditionnelle, les montres digitales sont plus modernes.

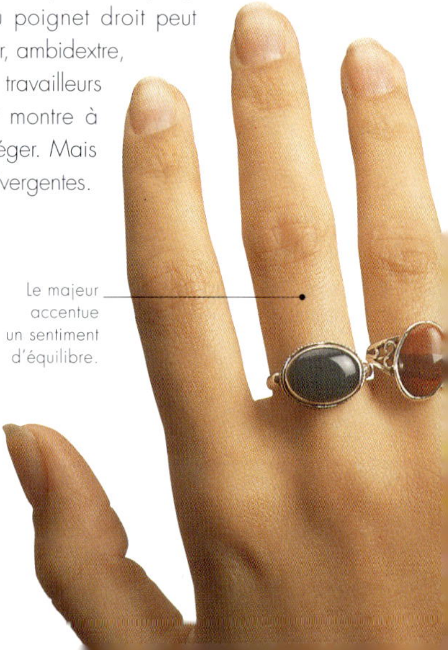

Le majeur accentue un sentiment d'équilibre.

Parure professionnelle

Les marchants du XVIe siècle portaient une bague à l'index pour indiquer leur statut professionnel.

OR ARGENT

Le bien et le mal

Portez de l'or pendant le jour et de l'argent pendant la nuit. L'or est le métal du soleil et des choses véritablement bonnes. L'argent est le métal des sorcières, des forces du Mal et de ce ceux qui trompent.

Une bague portée à ce doigt dévoile un désir d'indépendance.

L'émancipation

Au XIXe siècle une bague portée à l'auriculaire indiquait souvent un esprit indépendant et le soutien au mouvement pour les droits des femmes.

Les bagues

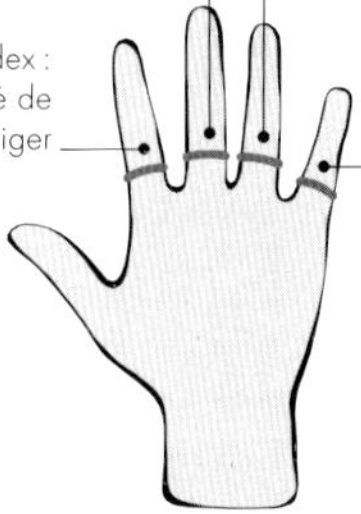

Quel doigt ?
Un doigt bagué indique certains traits de caractère.

Souvent la façon dont une bague est portée donne à penser que le propriétaire en ignore la signification. Cependant ces sens nous ont été transmis depuis le XVIe siècle, époque à laquelle leur signification était précise. Un médecin portait sa bague au pouce; les marchands ou hommes d'affaires la portaient à l'index. Ceux portant une bague au majeur étaient considérés comme peu intelligents. Les étudiants portaient leur bague à l'annulaire.

Les amants, quel que soit leur âge, portaient une bague à l'auriculaire. Sous le règne de George 1er, de très lourdes alliances se portaient au pouce. Autrefois, l'alliance se portait à l'annulaire de la main gauche car on pensait qu'un nerf ou une veine reliait directement ce doigt au cœur. Dans la majeure partie de l'Europe, les femmes préfèrent la main droite.

Les bagues n'ont pas toujours été portées à la phalange; certaines se portaient à la phalangine. Le fait de porter une bague à la phalangette était un signe d'affectation particulière.

Les bagues et la personnalité

Traditionnellement, les bagues sont sensées accentuer les qualités du doigt sur lequel elles sont portées. Une bague à l'index indique des qualités de chef.

Une bague au majeur est signe de la froideur d'une personne consciente de sa propre vulnérabilité émotionnelle. En proie à la solitude, cette personne a du mal à nouer des liens sociaux.

La majorité des personnes portent une

bague à l'annulaire. Ces personnes apprécient les contacts et n'aiment pas rester trop longtemps seules. Traditionnellement, l'annulaire indique si une personne est mariée ou pas.

Une bague portée à l'annulaire est toujours porteuse d'un message, les francs-maçons y portent par exemple une bague au motif identifiable conçu sur le modèle des « bagues surprises » du XVIIe siècle. Ces bagues avaient une face supérieure pivotante qui révélait un dessin magique ou autre signe d'appartenance à un groupe secret.

Au XIXe siècle, le fait pour une femme de porter une bague à l'auriculaire indiquait son allégeance au mouvement pour les droits des femmes et sa volonté d'indépendance. Les femmes portaient souvent ostensiblement une bague-portrait à ce doigt.

Les bagues au pouce

Elles refont leur apparition mais elles sont très désagréables à porter. C'est une phénomène de mode qui indique que le propriétaire veut afficher sa différence.

Toucher divin
Détail d'un geste de la création d'Adam peint par Michel-Ange sur la voûte de la chapelle Sixtine à Rome.

LA GESTUELLE

Nous dévoilons une partie de notre véritable nature dans nos contacts quotidiens avec d'autres personnes. Lorsque nous parlons, nous accentuons certains arguments avec nos mains. Dès l'enfance, nous apprenons à le faire en imitant nos aînés. Lorsque nous nous trouvons avec d'autres personnes, nous écoutons, nous observons et nous reconnaissons les caractéristiques que nous associons à ces personnes, mais la plupart du temps nous ne le faisons pas consciemment. Cependant, vous devez garder à l'esprit que ces gestes ne sont pas universels.

Ambigu
La signification d'un geste varie selon les pays.

Tope là !
Les gestes accentuent les paroles. Toper est une forme de salut ou de félicitation mutuelle dans de nombreux pays.

Signaux manuels
Certains sujets font de grands gestes de la main pour exprimer l'assurance. Des mains tenues près du corps trahissent le manque d'assurance et le doute.

Le signe « V »
Pendant la Seconde Guerre mondiale, Sir Winston Churchill a popularisé le signe « V » comme « victoire ». Au Moyen Âge, le signe V, était un geste de mépris. Les archers faits prisonniers étaient amputés de l'index et du majeur et ceux qui échappaient à ce sort agitaient la main avec ces deux doigts tendus en signe de mépris.

L'interprétation des gestes

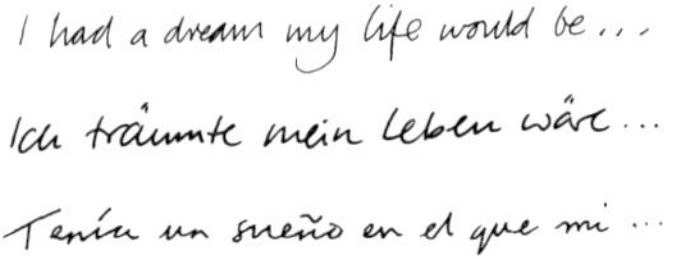

L'écriture

Le type d'écriture peut refléter le type de main.

L'écriture est le résultat visible de gestes cohérents et réfléchis ainsi que de l'état émotionnel de l'auteur à un moment donné. L'écriture est un mouvement tellement naturel et personnel qu'il est impossible de le déguiser. Les futurs chiromanciens devraient étudier les techniques d'écriture pour parfaire leurs analyses.

La poignée de main

Une poignée de main est un geste de bonne volonté mais il existe de très grandes variations. Certains ne tendent pas la main et se contentent d'un signe de tête ou d'un sourire. Ces personnes sont renfermées, déterminées et se maîtrisent. D'autres tournent leur paume vers le sol en une attitude dominante car elle oblige l'autre personne à tourner sa main dans l'autre sens en un geste de soumission.

Une poignée de main trop vigoureuse indique un manque d'assurance caché sous une attitude virile.

Une main tendue difficile à saisir qui vous oblige à agir, vous donne un sentiment de supériorité, ce qui est le but de votre interlocuteur. C'est une personne intelligente, calculatrice et trompeuse qui vous donne un faux sentiment de sécurité.

Ceux qui secouent vigoureusement votre main et touchent votre épaule en un geste d'intimité feinte sont antipathiques et faux.

Les signaux silencieux

Un poing serré est très expressif et sa signification évidente. La deuxième main vous montre le degré de contrôle du sujet. Si elle est ouverte, l'affaire est claire. Si elle est fermée, la personne s'attend à une agression physique. Réfléchissez : quand l'index accuse, les autres doigts sont repliés et pointés vers eux-mêmes comme s'ils reconnaissaient leur part de tort.

Les personnes qui vous tendent leur main ouverte, la paume tournée vers le bas prétendent être innocentes mais ne le sont sûrement pas. Si elles vous montrent leur paume ouverte, elles disent peut-être la vérité. Cacher la paume signifie cacher la vérité, alors que montrer la paume dénote une nature ouverte et une personne honnête.

Croiser les bras sur la poitrine est une attitude défensive; si les mains tiennent les bras, la fierté de la personne a été blessée, mais si les mains sont juste posées sur les bras, les problèmes seront plus faciles à résoudre. Une main posée sur la gorge est un signe d'insécurité. Elle est souvent accompagnée d'un mouvement de la tête vers le bas, vous indiquant que vous avez gagné.

Ouvert ou fermé ?

Des gestes fermés signifient que la personne n'est pas « ouverte » avec vous; des mains fermées expriment une déception éventuelle.

CHIROMANCIE

Déja dans l'utérus, quelques lignes principales dont la ligne de vie, la ligne de tête et la ligne de cœur sont visibles dès quatre mois; les autres lignes n'apparaissent que plus tard. Contrairement aux empreintes digitales qui ne changent jamais, ces lignes peuvent évoluer selon les expériences vécues par l'individu. En grandissant, les forces et les faiblesses de caractère et de personnalité peuvent affecter la disposition des lignes palmaires, si ces incidents ont suffisamment marqué le psychisme. Jadis, seules les lignes faisaient l'objet d'une interprétation; l'analyse de la forme et des autres caractéristiques n'est venue que beaucoup plus tard. La paume illustre le caractère, tandis que les lignes illustrent la manière dont il s'exprime en bien ou en mal. Pensez toujours à étudier chacune des mains dans le détail car la moindre différence peut remettre en cause l'ensemble de l'évaluation.

Les paumes et les lignes

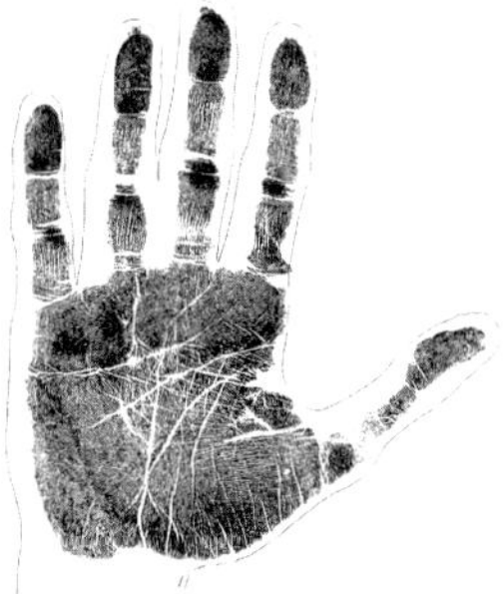

Les lignes
Les lignes de la main révèlent de nombreuses facettes du caractère.

Les lignes et la paume sur lesquelles elles apparaissent doivent être complémentaires. Sinon, l'équilibre intérieur du sujet est compromis.

Une main carrée implique une nature précise, méthodique et pratique. Si elle est couverte de nombreuses lignes, elle indique un caractère sensible et artistique, impressionnable avec un excès d'énergie nerveuse. Il vaut donc mieux qu'il n'y ait que quelques lignes sur cette main, car si elle est couverte de lignes, la personne peut facilement se laisser perturber.

Une main conique, signe de sensibilité devrait être couverte de nombreuses lignes car ce sujet est ouvert aux changements. Un petit nombre de lignes indique un sujet indépendant de bonne constitution et dont l'énergie nerveuse et l'activité physique sont équilibrées.

Il est facile de comprendre pourquoi la main élémentaire n'a que quelques lignes principales alors que la main psychique est couverte de lignes finement tracées. La main spatulée a normalement un nombre raisonnable de lignes, signe d'une activité constante, tandis que la main philosophique est souvent marquée de profondes lignes qui soulignent l'activité intellectuelle.

Plus les mains sont différentes, plus le sujet a eu à subir ou à initier des changements. Deux lignes de vie très différentes peuvent être dues à des problèmes familiaux ou dans l'entourage proche, peut-être pendant l'enfance ou encore à des problèmes de santé. Si les lignes de tête diffèrent, le sujet a eu et a peut-être encore de nombreux problèmes à surmonter pour parvenir à ses fins. Des lignes de cœur très différentes peuvent être dues à des difficultés émotionnelles.

Les points faibles

Toute différence ou obstacle sur une ligne affaiblit sa force naturelle. Une interruption suggère un manque de continuité, une île une faiblesse et des petits points ou des barres coupant une ligne sont les signes d'aggravation.

Parfois une ligne principale manque ou elle est si fine qu'elle est virtuellement inexistante. La ligne en question est alors un élément central de la nature du sujet.

Une ligne de vie inexistante ou faible est le signe d'un manque d'énergie ou de mauvaise santé. L'absence de ligne de vie signale une manque d'émotion ou un mauvais système vasculaire.

La comparaison des mains

Pensez à toujours étudier les deux mains avec attention, car la moindre différence affecte l'ensemble de l'évaluation.

LA TAILLE ET LA FORME

Les mains sont soit grandes soit petites, mais une personne grande peut avoir des mains relativement petites et inversement. En général, la taille des mains d'une personne est relative à sa taille mais parfois certaines personnes ont des mains disproportionnées. Les personnes aux grandes mains savent gérer les détails, tandis que les personnes aux petites mains n'en ont pas le temps et ne voient que le produit fini sans se soucier de son élaboration.

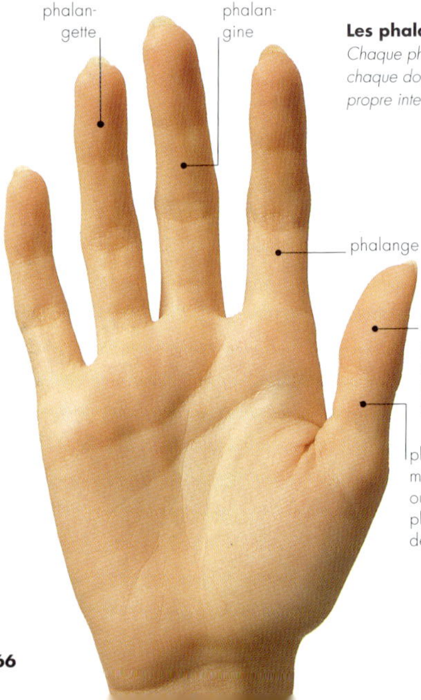

Les phalanges
Chaque phalange de chaque doigt a sa propre interprétation.

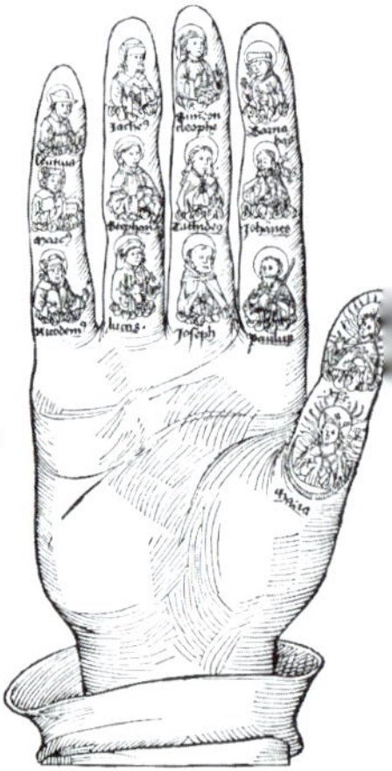

La main des saints
Une gravure médiévale réprésentant plusieurs saints sur les phalanges des doigts et du pouce.

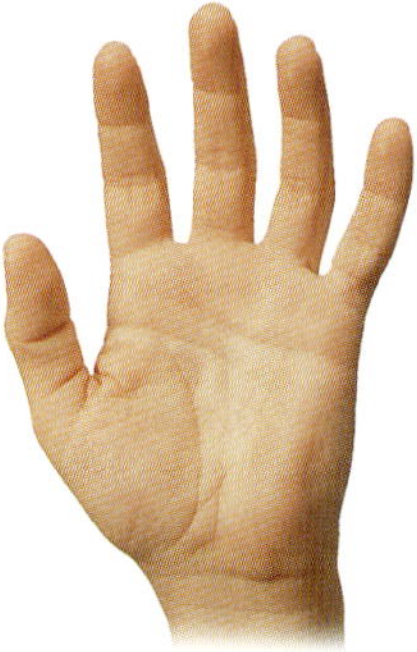

Impulsive

Une paume longue à doigts courts suggère une personne impulsive. Plus la main est petite plus la personne est impulsive.

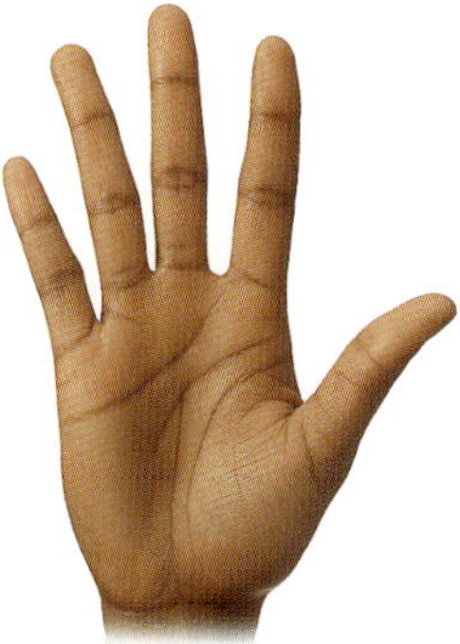

Le sens du détail

Une paume longue aux doigts longs dénote un sens du détail, mais si la paume est courte, cette qualité tourne à l'obsession.

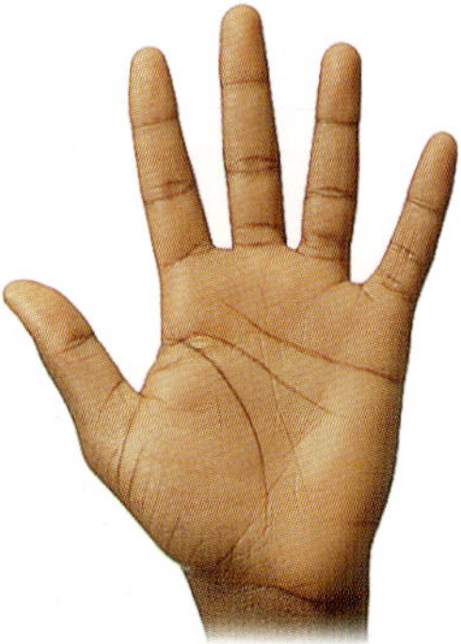

Créative

Une main longue accompagnée d'un pouce « rabot » indique une attirance pour les arts.

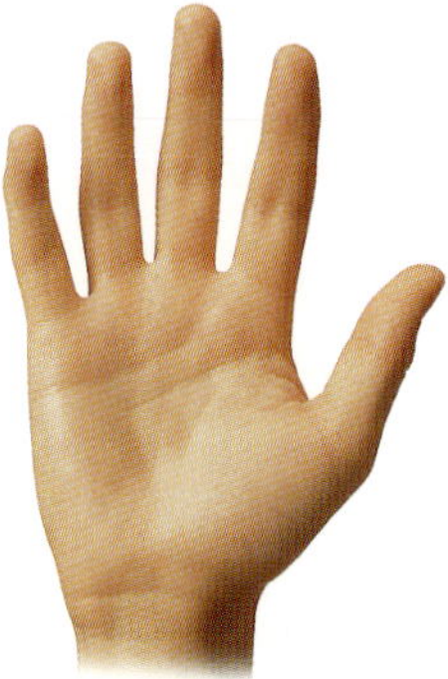

Pratique

Une main carrée, avec des doigts disposés de manière régulière, révèle une personne pondérée et pratique.

La taille et la texture

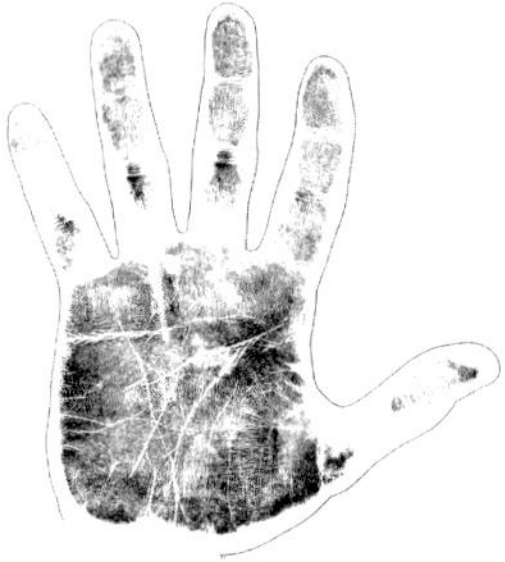

Expressive
Une main grande et expressive. Notez la pouce épais.

La grande main

Les sujets aux grandes mains sont parfois accusés d'être superficiels car ils gaspillent leur temps et leur talent à se consacrer à des détails au lieu d'avoir une vue d'ensemble. Toutefois les sujets aux grandes mains ont l'esprit analytique. Quand leurs paumes sont longues et leurs doigts petits, ils ne sont pas aussi impulsifs que ceux aux petites mains avec de longues paumes et des doigts courts. Leur mémoire et leur attention sont limitées, à moins que leurs paumes ne soient petites – dans ce cas la personne sera très hésitante.

Les sujets aux grandes mains avec de petites paumes sont égocentriques, subjectifs, froids et parfois même violents. De grandes mains avec de petites paumes et de longs doigts suggèrent une obsession du détail, notamment en présence de nœuds sur les articulations des phalanges.

Une personne à grandes mains et larges est pleine de bon sens, sociable et compatissante avec les plus démunis, elle fait souvent du bénévolat.

La petite main

Les personnes aux petites mains ont une bonne vue d'ensemble mais elles n'ont pas le sens du détail. Elles vont au fond des choses mais sont parfois incapables de traiter les nuances.

Si leurs paumes sont longues et leurs doigts courts, elles ne s'intéressent pas aux détails et les oublient rapidement à moins que le sujet ne les concerne de près. Les sujets aux paumes longues et aux doigts courts sont impulsifs et se jettent avec précipitation dans des projets qu'ils abandonnent après s'être excusés. Leur mémoire est légèrement meilleure que celle des sujets aux grandes mains. Ils sont un peu lunatiques, sauf si la paume est étroite, dans ce cas-là, ils sont égocentriques et mesquins.

Les mains douces

La petite main est souvent douce; le sujet n´évite pas proprement le travail physique mais ne le cherche pas non plus. La personne est vive mais assez paresseuse.

Les mains fermes

Les grandes mains sont généralement fermes ce qui implique une vie active et positive et de la franchise dans les relations. Cependant, de grandes mains douces sont signe de paresse et d'une tendance à tout reporter au lendemain.

Les mains petites et fermes

Les sujets à petites mains fermes sont actives et vont au bout de leurs projets quelqu'en soit le prix émotionel, mental ou même social.

LES MONTS

Les monts digitaux sont les protubérances charnues situées à la base de chaque doigt – Jupiter, Saturne, Apollon et Mercure. La phalange du pouce constitue le mont de Vénus et la partie charnue à la base de la main constitue le mont de la Lune. Le mont de Neptune est la petite protubérance qui apparaît parfois entre eux deux. Certains chiromanciens ignorent complètement les monts alors que d'autres les scrutent à la recherche du moindre détail. Les monts devraient toujours être bien développés, c'est à dire être fermes.

Le mont de Saturne
Il devrait toujours être développé car c'est l'équilibre de la main.

La localisation des monts

Le mont de Jupiter est le premier des monts.

Le mont de Saturne se trouve directement sous le majeur.

Le mont d'Apollon se trouve directement sous l'annulaire.

Le mont de Mercure se trouve rarement directement sous l'auriculaire. Il se situe généralement plutôt entre l'annulaire et l'auriculaire.

La zone de Mars est au centre de la paume entre les monts digitaux et les deltas des monts de la Lune et de Vénus.

Le mont de Vénus est en fait la phalange du pouce.

Le mont de Neptune se situe au milieu de la base de la paume.

Le mont de Pluton est une idée récente, c'est la partie extérieure du bas du mont de la Lune.

Le mont de la Lune est la zone intermédiaire allant du milieu de l'endroit boudiné à la base de la main.

L'identification

Les monts de la main sont des protubérances charnues situées à la base des doigts et sur la paume.

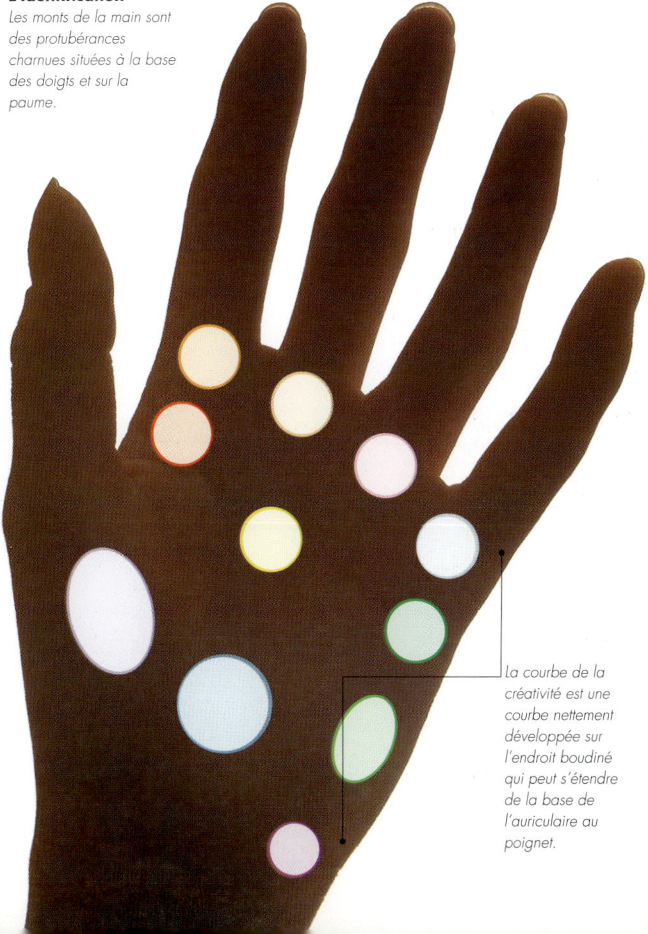

La courbe de la créativité est une courbe nettement développée sur l'endroit boudiné qui peut s'étendre de la base de l'auriculaire au poignet.

Les monts

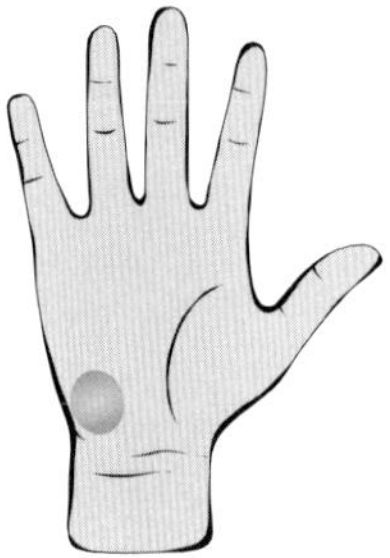

Le mont de la Lune plat
Le sujet avec un mont de la Lune plat manque de finesse mais sait feindre.

Le mont de Jupiter

Un sujet doté d'un mont de Jupiter développé avec un delta centré est actif, ambitieux, honnête et il aime la vie. Le sujet avec un mont surdéveloppé est arrogant, égoïste, autoritaire, grossier et direct. Un mont à peine dessiné est signe de paresse et de goût pour la facilité, après avoir gagné vite son argent.

Le mont de Saturne

Bien développé, le sujet est fataliste et prudent avec son argent et ses biens. S'il est surdévellopé, le sujet vit de manière solitaire et évite les contacts sociaux. Un mont peu développé montre une personne sceptique et pessimiste.

Le mont d'Apollon

Il indique presque toujours un sens artistique bien développé. Lorsque le sujet est inspiré il peut être très créatif. S'il est surdéveloppé, le sujet est imbu de sa personne, a mauvais caractère et est gaspilleur. Un mont plat indique clairement un sujet matérialiste, égoïste et avare sans véritable sens artistique.

Le mont de Mercure

Bien développé et centré, il indique le sens des affaires. Un mont bien développé suggère un sujet qui adaptera les règles à ses besoins, qui ne sera pas honnête avec lui-même et avec les autres et qui est superstitieux. Un mont plat indique un manque d'affinité avec le monde des affaires lié à un manque de capacité à communiquer; la motivation est faible. C'est un suiveur.

Le mont de Vénus

Bien développé, il est le signe d'une libido saine et d'une nature affectueuse mais aussi d'un grand sens de la famille. Surdéveloppé, le sujet sera impudique et aura une libido démesurée sans réelles qualités sociales. Un sujet avec un mont plat est de mauvaise compagnie et très égoïste.

Le mont de Neptune

Développé, il reflète une compréhension instinctive des motivations des autres.

Le mont de la Lune

Bien développé, il dénote une grande imagination doublée d'une grande instabilité. Le sujet a du mal à garder un rythme. Surdéveloppé, il trahit un manque d'endurance. Plat, il est signe de froideur et d'un manque d'imagination.

Les monts et la carrière

Pour plus d'informations concernant le rapport entre les monts et la carrière professionnelle, voyez les pages 202 à 205.

Des idées originales
Les sujets ayant une courbe de créativité marquée conçoivent et planifient des projets novateurs de A à Z.

LES MONTS

Les autres monts sont la zone de Mars au centre de la paume et le mont de Pluton, une idée récente. Le bord radial de certaines paumes a parfois une courbe marquée, la courbe de la créativité, qui est ici également classée parmi les monts. Enfin, le dernier mont est la souris, qui apparaît quand la main forme un poing. Si les monts sur les deux mains sont doux au toucher, la personne sera de nature plutôt ennuyeuse, molle et sans enthousiasme. Ces sujets ne profitent guère de la vie mais ne s'y investissent pas d'avantage.

Le mont de Vénus
Lorsqu'il est plein et bien développé la conception de la vie est sans complexe. Le sujet est plus ouvert et réaliste, avec souvent une libido saine. Plat et sans vie, le sujet sera secret et quelque peu renfermé.

Le mont de Jupiter

Bien développé, il indique un bon sens social; trop développé, l'égoïsme et l'amour de l'ostentation, la vulgarité et le manque de goût dans certains cas. Plat et sans vie, il est signe de paresse et de passivité.

Le mont de Mercure

Il s'oriente généralement vers son voisin. Plat, il est le signe d'une personnalité ennuyeuse. Plus il est développé, plus le sujet est dynamique.

MONT DE JUPITER

MONT DE MERCURE

MONT DE VÉNUS

Les monts

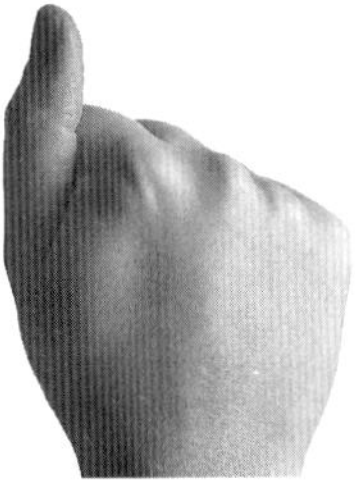

Un mont sain
Cette bosse ferme, appelée souris est signe de bonne santé.

La zone de Mars

Si elle est bien développée, le sujet résiste bien à la maladie et à l'adversité. Il a le sens du fair-play et un grand amour de la justice. Ces personnes pleines d'énergie ne sont pas toujours faciles à suivre. Une zone sur-développée indique un excès de zèle déplacé et d'éventuelles tendances rebelles, un naturel frondeur ainsi qu'une pointe de cruauté. Si elle est sous-développée, le sujet n'est pas combatif, pas même pour défendre ses propres intérêts, et évite la confrontation. En présence d'une petite bosse entre l'index et le pouce, le sujet a du mal à contrôler son tempérament et a un fort esprit de compétition. Il s'agit de l'ancien mont de Mars positif, situé à mi-chemin de la ligne de tête et de la ligne de cœur sur le bord extérieur de la paume quand elles se prolongent jusque là. Il dénote un manque de sensibilité de la part du sujet pour vous ou votre cause. C'est le signe d'un protestataire et d'un survivant.

Le mont de Pluton

S'il est bien développé le sujet s'intéresse vivement aux sciences occultes. C'est aussi, semble t-il, le siège du patriotisme. S'il est très développé, le sujet ne s'intéresse guère aux étrangers.

Le mont de la santé

Lorsque la main est fermée et le pouce maintenu le long de l'index, la bosse qui se forme sur le dos de la main entre le pouce et la base de l'index est un indicateur de votre état de santé. S'il est ferme au toucher sur les deux mains, c'est signe de bonne santé. Lorsque le mont de la main droite est doux au toucher mais qu'il est ferme sur la main gauche, votre santé est affaiblie – peut-être par la fatigue. Après un bon repas et du sommeil, votre mont va se rafermir et vous irez mieux.

La courbe de la créativité

Si elle est prononcée : en haut de la main, le sujet est créatif; au milieu, il a la capacité de développer des idées réalisées ensuite par d'autres; à la base, le sujet sait concrétiser une idée. Si l'endroit boudiné est plate ou droite, le sujet est lent à réaliser ou à apprécier de nouvelles idées, mais il est habile de ses mains, ce qui est une caractéristique de la main carrée type.

Les deltas

Pour plus d'informations concernant la signification des deltas sur les monts, voyez les pages 52 à 53.

L'ambition

La zone médiane de la main détermine notre mentalité et notre ambition.

L'APPROCHE MODERNE

Au cours des 30 dernières années, une approche moderne des zones traditionnelles de la paume s'est développée. Elle divise la main en trois zones verticales et trois zones horizontales correspondant chacune à nos modes de comportement conscients et inconscients et à la façon dont nous les équilibrons. La paume montre si nous parvenons à cet équilibre ou pas.

La nature spirituelle

La zone horizontale supérieure reflète notre nature spirituelle et idéaliste.

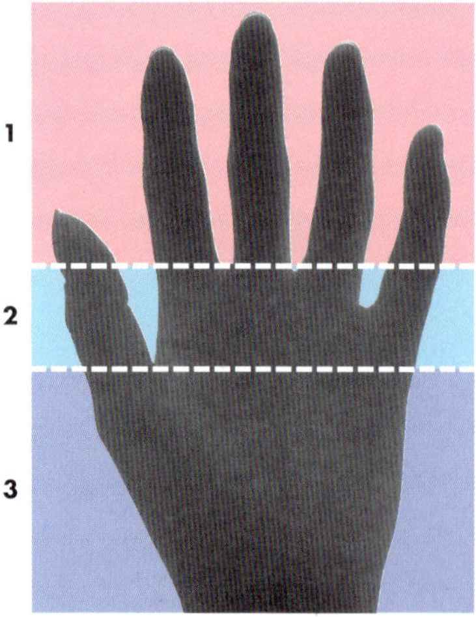

L'équilibre

La zone horizontale inférieure représente la stabilité.
Si elle est sous-développée et si le majeur est plus court que l'index et l'annulaire, le sujet manque de bon sens et sera attiré par des activités comme le jeu.

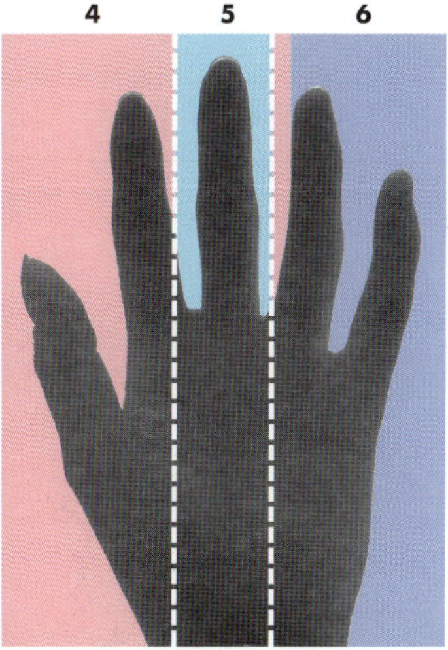

Les zones

La première zone horizontale va du bout des doigts à la base du majeur; la deuxième va de cette ligne jusqu'à celle tracée à partir du haut de l'articulation du pouce; enfin la dernière va de cette ligne jusqu'au poignet. Les zones verticales vont du bord radial de la main jusqu'à l'espace entre l'index et le majeur, puis de là jusqu'à l'espace entre le majeur et l'annulaire puis de l'annulaire au bord extérieur de la main.

1 nature idéaliste et spirituelle
2 nature mentale et ambitieuse
3 nature matérialiste et terre à terre
4 nature active et consciencieuse
5 équilibre
6 nature inconsciente et instinctive

Les zones

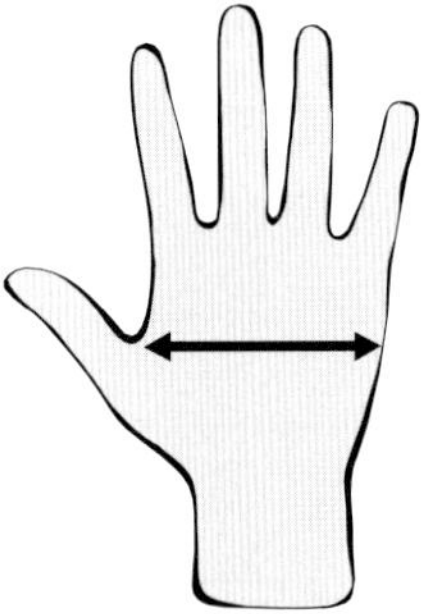

La largeur de la paume
Une paume large est signe d'ouverture d'esprit.

La zone cubitale

Le bord extérieur de la main reflète la façon dont nous réagissons instinctivement aux stimulations extérieures. Un bord peu développé ou plat indique un sujet qui a du mal à surmonter une déception et qui peine à avoir du succès car il est trop franc avec les personnes de son entourage.

S'il est bien développé, le sujet sait parvenir à ses fins par des moyens légaux. Il est trompeur. Prenez garde si vous entrez en conflit avec lui.

La zone radiale

Le bord radial de la main révèle les réactions d'une personne aux stimulations extérieures. Le sujet à index long et bien formé est fier de ce qu'il entreprend. Plus l'index est éloigné du majeur plus la personne sera sensible.

La zone médiane

La zone médiane de la main est dominée par le doigt et le mont de Saturne. Ainsi, le développement de cette zone indique à quel point une personne est équilibrée ou pas. Si le majeur est long et droit et le mont de Saturne bien développé, le sujet sera équilibré, stable et raisonnable.

Si cette zone est peu développée, le sujet est peu fiable et partisan du moindre effort. Si le majeur est plus court que l'index et l'annulaire, le sujet peut être joueur, sans volonté, impulsif voire téméraire.

La zone inférieure

Le bas de la main est le siège de nos énergies et quand cette zone est visiblement développée, le sujet sera très physique, peu enclin à la réflexion et à montrer ses émotions. Une paume large montre que le sujet aime la vie en plein air ou plus simplement la liberté qu'une telle vie apporte. Une paume étroite et fine est signe d'égoïsme.

La zone supérieure

Lorsque la zone supérieure de la paume est bien développée et que les autres zones de la main sont harmonieuses, c'est un signe que le sujet est à même de diriger les autres, éventuellement dans le domaine de l'enseignement. Le sujet préfère parfois laisser aux autres la direction des opérations pour se cantonner à un rôle de conseiller car il ou elle aime l'idée d'être une éminence grise.

Un manque de souplesse

Si l'index et le majeur sont proches, cela indique un manque de souplesse car c'est toujours le signe d'un rejet de la nouveauté.

MAIN PLEINE, VIDE OU MOYENNE

Lorsque la paume est couverte de lignes entrecroisées, ce ne sont pas de simples marques d'influence mais plutôt des lignes secondaires difficilement identifiables. Toutefois, avant de les traiter individuellement, il vous faut tout d'abord vous faire une vue d'ensemble. Commencez par repérer les lignes principales pour établir leur tracé, puis identifiez les lignes d'influences et les autres lignes.

La main moyenne

Seules les lignes principales et quelques lignes d'influence sont présentes. Cela indique une personne équilibrée, responsable, sans complexe et ouverte d'esprit qui ne se laisse pas facilement abattre. Lorsque les lignes sont en majorité horizontales, le sujet n'est pas préparé à faire face aux embûches de la vie. Il peut être incapable ou réticent à aller de l'avant ou simplement manquer de discernement. Les lignes coupant la paume sont des sortes de barres qui interrompent les autres lignes et amputent leurs qualités.

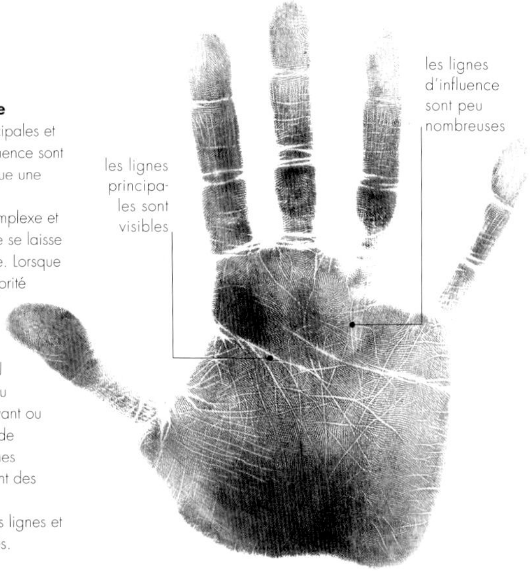

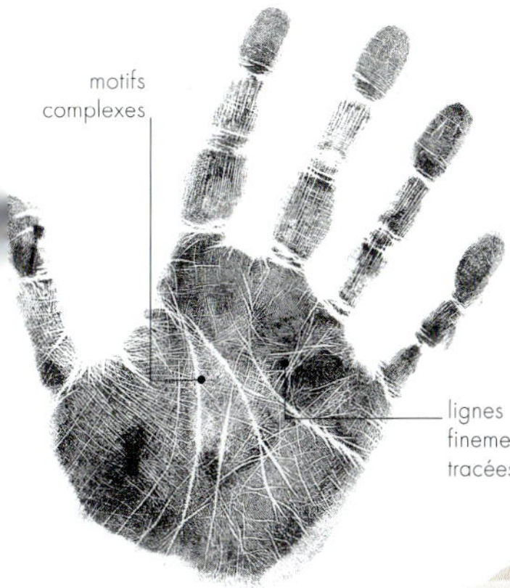

La main pleine

Les sujets aiment se faire du souci à tort ou à raison. Leur esprit est toujours en éveil. Ils se demandent constamment ce que pensent les autres d'eux ou des autres.

Distraite

Du fait de son esprit actif et de son manque de discipline, le sujet à main pleine a du mal à assumer les tâches quotiennes.

Main pleine ou moyenne

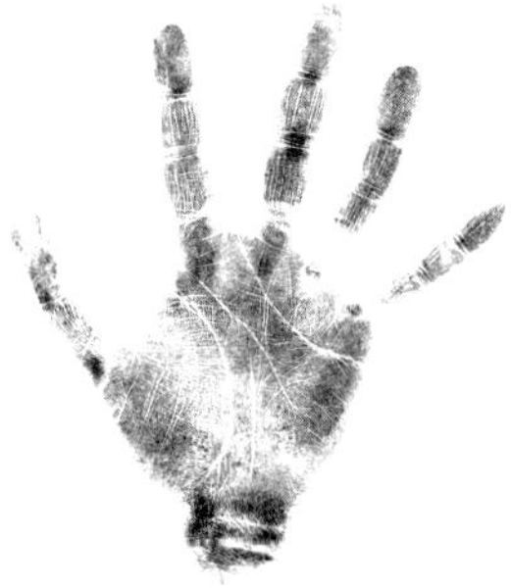

Agité
Une main pleine est le signe d'un esprit toujours en action.

La main pleine

Comme son nom l'indique, sa paume est recouverte d'une multitude de lignes entre-croisées. Il est parfois très difficile pour un chiromancien de s'y retrouver.

Ces innombrables lignes indiquent que le sujet est constamment inquiet. Son esprit est toujours en éveil car il est hypersensible et tendu. C'est également le signe d'une imagination débridée. Ce sujet est souvent fondamentalement malheureux. Il est généralement méfiant et a peur de décevoir son entourage, d'où une tension constante. Il a une conception philosophique étrange de la vie et manque de confiance en lui.

Cependant il n'a pas que des défauts – loin de là. Il a souvent l'esprit brillant et il mène une vie passionnante. Autant il est perspicace, compréhensif et intelligent, autant il manque souvent d'initiative. Cette personne se distingue rarement mais si l'attention se concentre sur elle, elle sait être brillante.

Elle se lasse très rapidement des tâches qui demandent de l'attention pour les détails. Le travail quotidien l'ennuie. Elle n'est pas disciplinée mais elle sait bluffer pour imposer sa discipline aux autres.

Elle occupe souvent un poste à responsabilités qu'elle a conquis jeune car elle a du bagou mais son manque de persévérance lui joue aussi des tours. Elle parvient souvent au sommet mais n'arrive pas à s'y maintenir. Un échec peut lui être fatal car elle a des nerfs fragiles qui sont mis à rude épreuve lorsque la pression devient forte.

La main moyenne

C'est le type de main intermédiaire entre la main pleine et la main vide. Elle est difficile à reconnaître et elle est pleine de pièges pour les chiromanciens en herbe. Lorsqu'il est très difficile de prendre une décision, le mieux est de vérifier s'il n'y a pas plus de lignes verticales que de lignes horizontales sur la paume de la main, c'est à dire s'il n'y a pas une majorité de lignes allant du poignet aux doigts.

Les lignes verticales suggèrent que les sujets feront les efforts nécessaires pour saisir toutes les chances qui leur sont offertes d'aller de l'avant.

Tenter sa chance

Les sujets à mains moyennes agissent selon le principe que celui qui ne tente rien n'a rien.

LA MAIN VIDE

La main vide n'a généralement que trois lignes principales accompagnées de quelques rares lignes d'influence et de signes particuliers. Un sujet aux mains vides a une approche très sereine de la vie et des responsabilités. De tels sujets sont quasiment exempts de doutes et de soucis, et quand ils ont un problème, ils le gardent pour eux. Ces personnes ne semblent pas avoir la même sensibilité que les personnes aux mains pleines ou bien la dissimulent.

Les sujets aux mains vides

Ils sont tenaces et quand ils ont commencé quelque chose, ils le mènent à bien. Ces sujets n'aiment pas les marques d'affection comme les baisers ou les embrassades pour se saluer ou accueillir une personne chère longtemps absente.

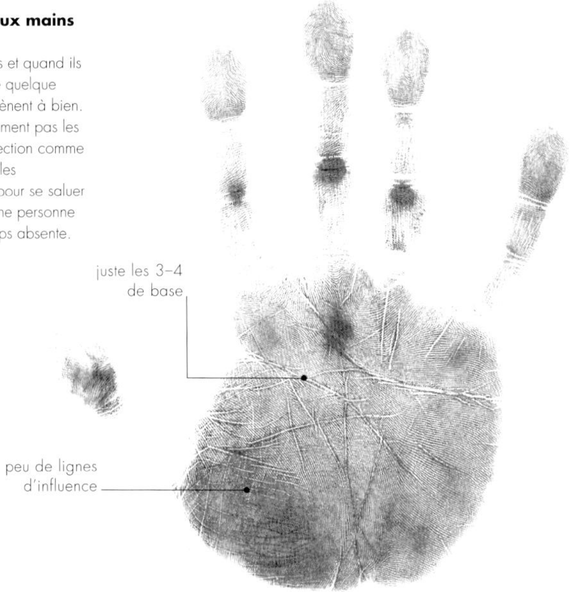

Ces sujets détestent montrer leurs sentiments particulièrement en public.

Régimentaire

Les sujets aux mains vides sont particulièrement doués pour les tâches demandant de la discipline; la carrière militaire leur convient parfaitement. Ils sont conventionnels; ils acceptent les ordres et les donnent avec la même facilité.

Ces sujets sont presque toujours francs, ponctuels ordonnés et ils aiment mener une vie paisible.

Ils font d'excellents instructeurs car ils sont créatifs et ont l'esprit pratique à la fois.

Modeste

Ces sujets sont très réfléchis et mènent une vie tranquille et discrète. Ils ne se font pas remarquer ou trop tard.

Les lignes de la main

Nous avons tous des lignes de la main. Leur forme et leur apparence se modifient à mesure que nous grandissons et que notre caractère se développe car elles sont le reflet de ces changements. Certaines faiblesses suscitent des petites marques, alors que nos points forts se traduisent par des lignes marquées.

Ces lignes et marques d'influence changent constamment au cours de la vie. Le chiromancien doit tout d'abord déterminer le type et la forme de la main avant de déchiffrer leur signification.

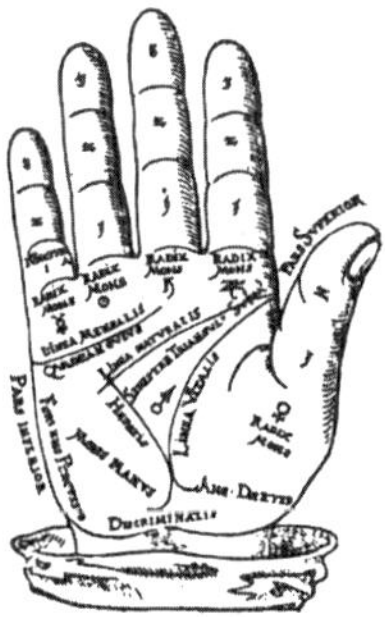

La carte des lignes
Illustrations ancienne des lignes de la main

La comparaison des mains

Il faut toujours examiner les deux mains. La main gauche indique les qualités et les talents innés; la main droite montre leur évolution.

Lorsque vous étudiez les mains du sujet, commencez par la main gauche puis comparez-la avec la main droite. Les deux mains ne sont donc jamais identiques et même leur forme peut varier. Les caractéristiques comme la texture et la consistance mais aussi la position des doigts varient souvent. En général, la main droite est le maître absolu car elle indique quelles ont été les modifications de la personnalité du sujet.

Si ces différences sont minimes, le sujet n'a pas éprouvé un besoin de changement et affichera donc un air satisfait et placide. Plus les marques diffèrent, surtout concernant la forme, moins la personne a été satisfaite. Le sujet aura vécu de nombreuses

expériences choisies ou subies.
Une main conique et délicate est généralement couverte de lignes finement tracées alors que les lignes d'une main carrée sont nombreuses, signe d'une approche pratique et terre à terre.

Lorsqu'une ligne est interrompue par un motif pour reprendre ensuite, c'est un signe évident de la faiblesse de cette ligne et cela implique que le sujet éprouve peu d'enthousiasme, mais lorsque la ligne reprend elle gagne en force. La rupture d'une ligne est un événement grave, tandis que les points et les croix le sont (un peu) moins; ils constituent toutefois un problème car ils interrompent le flux.

Les mains âgées ont souvent des lignes qui s'effilent ce qui est le signe d'un déclin d'énergie.

Des lignes claires

Des lignes marquées facilitent la lecture. Considérez-les comme de petites pipes à eau qui ne fonctionnent plus si elles sont bouchées.

LES DIFFÉRENTES LIGNES

Les lignes principales de la main sont les lignes de tête, de vie et de cœur. Personnellement, je considère la ligne de chance comme un cas à part, bien qu'elle soit classée parmis les lignes secondaires, car sa présence et son absence sont toutes deux essentielles. Les cartes suivantes montrent les nombreuses lignes secondaires ainsi que les « anneaux » et autres marques importantes, comme la croix mystique dont la signification vous est expliquée dans les chapitres suivants.

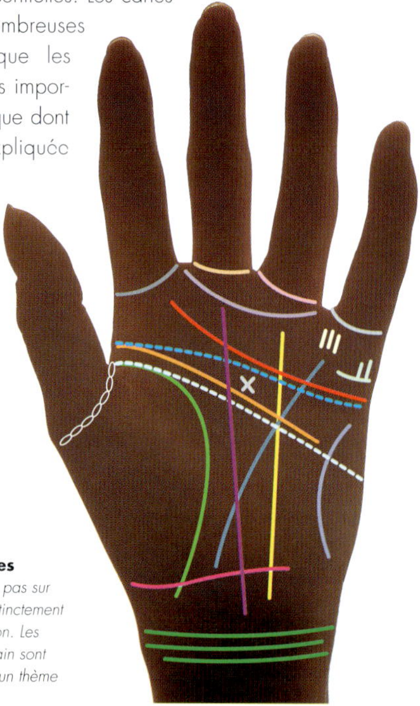

Des mains différentes

Chaque ligne n'apparaît pas sur chaque main ni aussi distinctement comme sur cette illustration. Les lignes figurant sur une main sont toujours des variations d'un thème principal.

Les lignes principales et secondaires

PRINCIPALES

- Vie
- Cœur
- Tête
- Chance

SECONDAIRES

- Soleil
- Mercure
- Simienne
- Sydney
- Rascette
- Anneau de Salomon
- Anneau de Saturne
- Anneau d'Apollon
- Anneau de Mercure
- Ceinture de Venus
- Intuition
- Via lasciva
- Anneau de la famille
- Stigmates de la médecine
- Croix mystique
- Lignes des enfants et du mariage

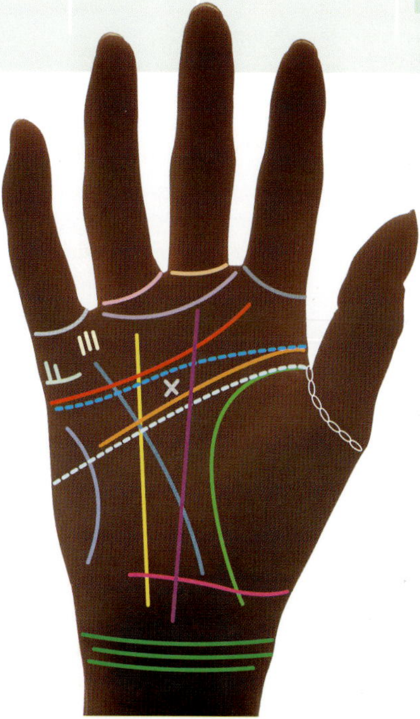

Les marques et les signes

cercle point triangle carré rameau étoile île chaîne

De nombreux signes particuliers se trouvent sur l'ensemble de la main. Selon le système employé pour lire la main, leur nombre varie. En Orient, de nombreuses marques sont reconnues ce qui n'est pas le cas en Occident. Leur étude est toutefois intéressante et vous les trouverez exposés dans tous les livres consacrés à la chiromancie orientale.

Les chiromanciens modernes ne prennent en compte qu'une partie des 14 signes présentés ci-dessus et ils n'apparaissent pas automatiquement sur toutes les mains mais en général on en trouve 4 ou 5 sur une paire de mains.

Ces marques particulières sont, la barre, la chaîne, le cercle, la croix, le point, la grille, l'île, le carré, l'étoile, le rameau, le triangle, le trident et la barre horizontale ou verticale.

La signification

Ils apparaissent isolés ou font partie d'une ligne, éventuellement en combinaison avec d'autres marques formées accidentellement par la jonction avec une autre ligne mineure En règle générale, le cercle, le carré, l'étoile, le trident et la ligne vérticale sont des signes palmaires bénéfiques.

La barre, la chaîne, la croix, le point, la grille, l'île, et le rameau sont quant à eux des signes maléfiques, dépendant de l'endroit où ils se trouvent.

Etudiez-les attentivement car ils sont identiques aux aspects mineurs que l'on trouve en astrologie et sont souvent la réponse à un détail de la personnalité.

Dans certains cas, ils font référence à un accident passé dont le sujet a tenu à garder la trace; dans d'autres cas ils sont une mise en garde. Par

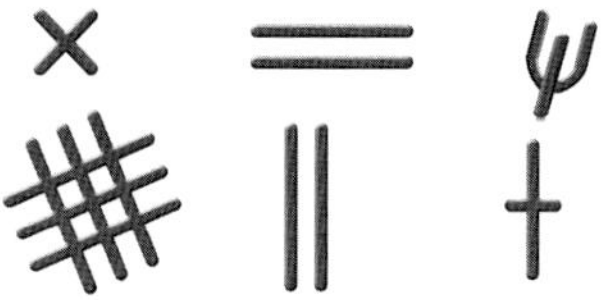

la croix | lignes verticales | trident
la grille | et horizontales | et barre

exemple, le carré est toujours un signe favorable et un signe d'avertissement. Si la ligne de vie est renforcée après le passage d'un carré, celui-ci peut signifier un séjour à l'hôpital. Toutefois, une étoile à la fin de la ligne de vie est le signe d'un choc et doit être considérée comme un avertissement.

La présence d'un cercle sur une ligne se confond facilement avec une île ou un carré ou encore un triangle mal dessiné et il doit être attentivement examiné. Le trident est l'un des signes particuliers pris en compte par la chiromancie indienne.

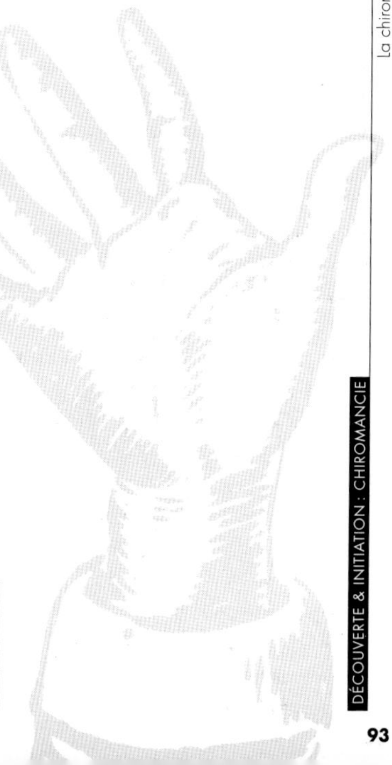

L'imprévisible

Pour plus d'informations sur la signification spécifique des signes particuliers et de leur valeur divinatoire voir pages 214 à 217.

Le chemin de la vie
La ligne de vie retrace les événements de la naissance à la mort.

LA LIGNE DE VIE

Lorsque cette ligne est très marquée, le sujet est très physique. Ce type de ligne se trouve principalement chez les sujets qui préfèrent la vie au grand air et qui s'épanouissent dans des activités physiques. Cependant la ligne de vie comme toutes les lignes ne doit jamais être lue séparément mais en corrélation avec les autres lignes et caractéristiques de la main pour fournir une analyse satisfaisante d'une personne.

Les grands espaces
Une ligne de vie très marquée reflète une attitude très physique, que le sujet soit un athlète ou une personne préférant travailler dehors.

Energie vitale

Une ligne de vie interrompue, et profondément gravée est signe d'enthousiasme et de vitalité. Cette personne déborde d'énergie vitale.

La ligne de vie commence du côté radial de la main, généralement sur le mont de Mars ou de Jupiter ou entre les deux, donc soit au bord radial de la main soit à l'intérieur de celle-ci.

Elle commence souvent par un motif de chaîne ou d'île mais elle est toujours clairement dessinée. Elle traverse la paume en encerclant le mont de Vénus et pour finir à la base de la main.

Lire la ligne de vie

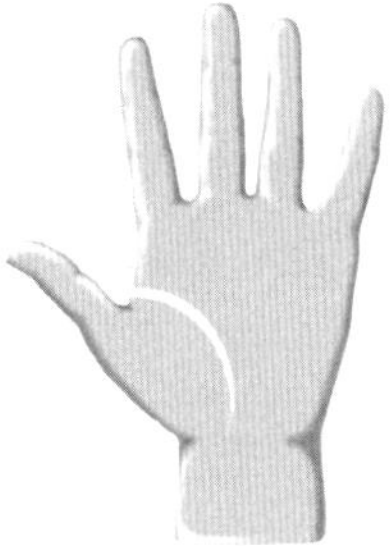

Personne d'extérieur
Le sujet avec une ligne de vie profondément marquée est physique.

La ligne de vie est l'indicateur le plus important de notre constitution et de notre vitalité, elle doit toujours être forte et saine et de nombreuses interruptions entravent son bon fonctionnement.

Parfois la ligne de vie encercle la partie charnue du pouce et se prolonge sous le mont de Vénus; elle peut aussi finir sur le mont de la Lune ou diviser les deux monts du bas de la main; plus rarement elle dépasse le bord inférieur de la main. Elle peut se diviser en plusieurs branches, s'estomper ou s'égrener.

Les différents commencements

Lorsqu'elle débute en haut de la main par une ligne unique, le sujet est ouvert et indépendant. Par contre, si elle débute par une chaîne, le sujet dépend trop des autres. Un début en île ouverte indique que la naissance du sujet est entourée de mystère : il a été adopté ou il est illégitime ou bien l'accouchement a été difficile.

Quand son origine et celle de la ligne de tête son liées, plus elles restent liées plus le sujet est méfiant vis à vis des autres. Cette personne est hypersensible, pleine de doutes et difficile à comprendre. Elle ne va pas aller loin dans la vie. Elle a des tendances nationalistes ou attache une grande importance aux traditions familiales et aux conventions.

Lorsque la ligne de vie et la ligne de tête se séparent, de petites lignes d'influence sont parfois visibles entre elles. Lorsque ces lignes sont très nombreuses le sujet n'est pas très optimiste et cherche à se faire guider par les autres, car il manque d'esprit d'initiative.

Une ligne de vie qui débute en haut du mont de Jupiter dénote une nature saine, entreprenante et ambitieuse. Ce sujet est sûr de lui et se croit infaillible. Lorsque les choses tournent mal, il préfère accabler une autre personne plutôt que de reconnaître ses torts. Plus ce type de ligne débute bas, plus cette tendance est affirmée. Le sujet est ouvert, aimable et naturel.

Une ligne de vie débutant sur le mont de Mars et encerclant la partie charnue du pouce est associée à une âme sensible, susceptible et sur la défensive. Une ligne passant sur le mont de Mars suggère que le sujet est suiveur, excessivement prudent et hésitant. Une ligne touchant ou traversant la ligne de vie, montre un membre de la famille ou un ami proche qui s'ingère dans les affaires du sujet.

La datation des événements

Pour plus d'informations concernant la datation des évènements grâce à la ligne de vie, voyez pages 190 à 197.

LA LIGNE DE VIE

Traditionnellement on croit qu'une ligne de vie courte prédit une vie courte et qu'une ligne de vie longue présage d'une longue vie. Rien n'est plus faux, car de nombreuses personnes ont une ligne à peine ébauchée voire pas de ligne de vie du tout. Même si ces personnes sont de moins bonne constitution que la moyenne, le fait est qu'elles atteignent parfois un âge avancé.

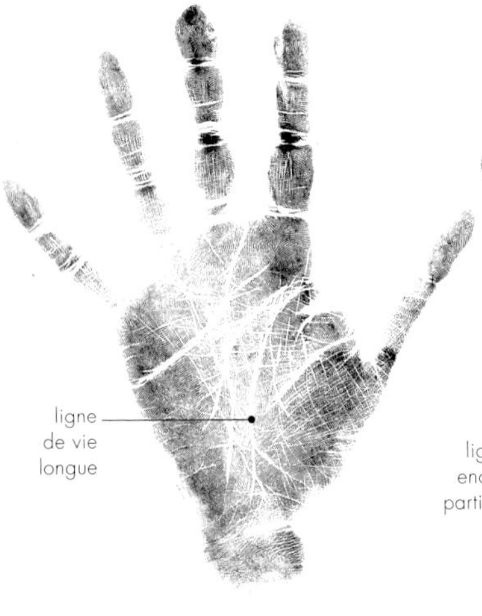

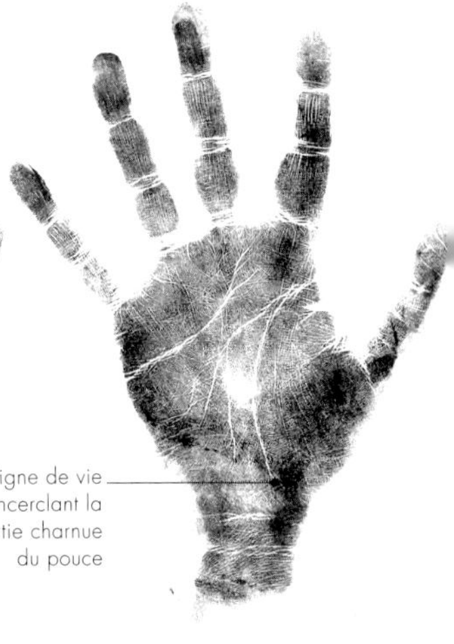

Une ligne de vie longue
Une ligne de vie inhabituellement longue est le signe d'une personne qui préfère les tâches physiques qu'abstraites.

Ligne encerclant la partie charnue du pouce
Lorsque la ligne de vie encercle la partie charnue du pouce, le sujet manque d'enthousiasme et de perspective.

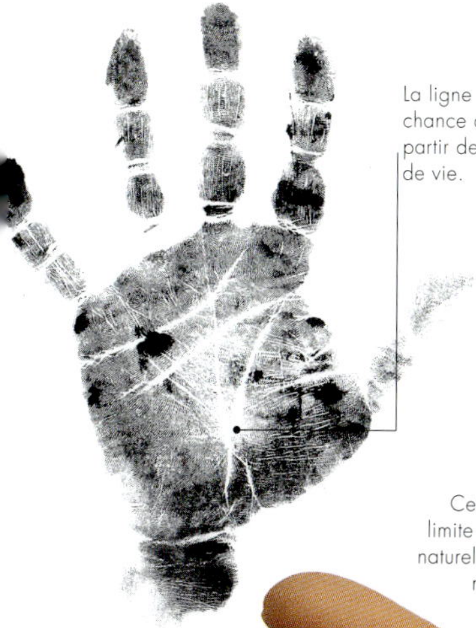

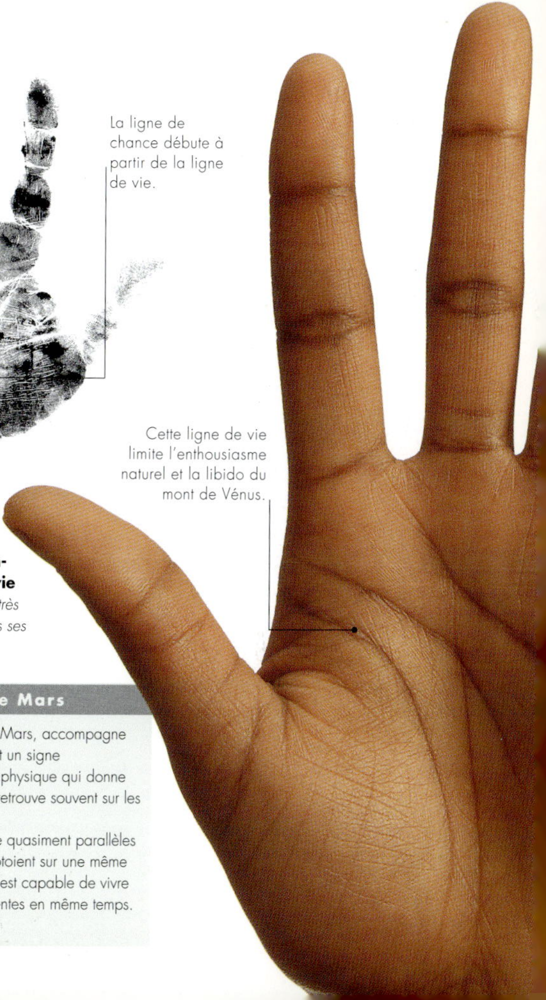

La ligne de chance commence sur la ligne de vie
Cela signifie que le sujet est très soutenu par ses proches dans ses projets.

La ligne de Mars

Une ligne sœur, la ligne de Mars, accompagne parfois la ligne de vie. C'est un signe supplémentaire de bien-être physique qui donne du punch au sujet et qui se retrouve souvent sur les mains des sportifs.

Parfois, deux lignes de vie quasiment parallèles du début jusqu'à la fin se côtoient sur une même main. Ce type de personne est capable de vivre deux vies entièrement différentes en même temps.

Lire la ligne de vie

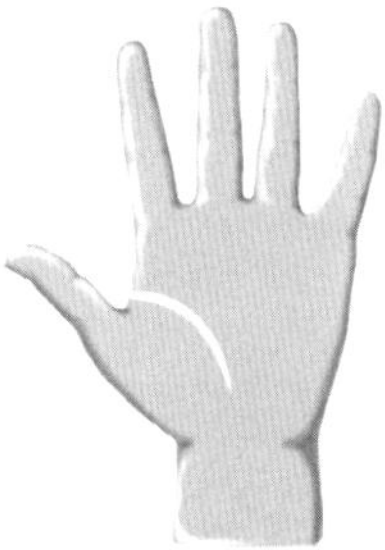

Ligne de vie courte
Une ligne de vie courte ne signifie pas une vie courte.

Les signes d'influence répartis sur la paume de la main indiquent d'où et de qui proviennent les problèmes : venant de Jupiter, un problème de carrière; venant de Saturne, de discipline personnelle; du doigt ou du mont d'Apollon, des questions artistiques ou créatives. Si une ligne provient du doigt ou du mont de Mercure, il s'agit de questions commerciales.

Lorsque la ligne de vie de la main droite traverse la paume en ne touchant pas ou peu la ligne de tête, le sujet fera des efforts constants pour aller de l'avant. Si la ligne de la main gauche encadre la partie charnue du pouce mais que la ligne de la main droite est sensiblement différente et traverse la paume, les sujets essaieront d'aller de l'avant dans la vie. Ces personnes pensent qu'elles ont été désavantagées par un début difficile dans la vie. Elles ont dû affronter des parents autoritaires, surmonter le mécontentement de leur environnement et ont eu des problèmes de santé.

Inversement, quand la ligne de la main gauche traverse la paume mais que la ligne de la main droite reste près du mont de Vénus, cela indique que les circonstances ont été difficiles pour le sujet. Bien qu'il en ait eu conscience, il a été incapable ou réticent à faire quoi que ce soit, ce qui a eu pour conséquence une détérioration de la situation.

Les lignes d'influence partant de la ligne de vie montrent les efforts qui ont été fournis par le sujet pour améliorer son niveau de vie. Si ces lignes sont longues, elles montrent l'orientation passée ou future du sujet.

Les interruptions de la ligne

Le cours de la ligne de vie peut être interrompu de différentes façons. Si au-delà de cette interruption, la ligne conserve son apparence, les sujets sont heureux et sereins. Peu de choses les contrarient et ils savent faire face aux difficultés. Des changements éventuels se produiront en milieu de vie, période de la vie où la plupart des ambitions ont déjà été réalisées.

La ligne peut paraître forte au point de rupture, mais aussi s'effiler un peu plus bas et montrer des signes de stress. Le sujet a été trop ambitieux; les lignes lui lancent un avertissement.

Ligne de vie et voyages

Si la ligne décrit une courbe sous la partie charnue du pouce, le sujet n'aime pas les voyages et ne se sent vraiment bien que chez lui. Une ligne de vie traversant la main pour finir sur le mont de la Lune montre que le sujet aime les voyages et les nouvelles expériences. C'est le signe des voyages qui est amplifié quand il apparaît sur les deux mains. Une fin fourchée est signe d'agitation ce qui se reflète dans les activités du sujet.

L'imagination

Lorsque la ligne de tête est longue et forte, l'imagination du sujet est très développée.

LA LIGNE DE TÊTE

J'ai toujours considéré la ligne de tête comme la ligne la plus importante de la main car elle montre la façon dont vous pensez, raisonnez, éprouvez et percevez les choses mais aussi la manière dont vous agissez après avoir assimilé des informations. Nous avons tous notre propre manière de penser et de réagir qui nous guide dans la vie. Il est donc logique que les lignes de tête puissent débuter à différents endroits de la paume et qu'elles aient leur propre cheminement dans la main.

Le talent

La ligne de tête de la main droite montre le développement des talents suggérés par la ligne de tête de la main gauche. La moindre différence montre que des changements ont eu ou auront lieu. Plus ces différences sont importantes plus le caractère de la personne change.

L'incertitude

Lorsque la ligne de tête commence à l'intérieur, à proximité ou légèrement décalée par rapport à la ligne de vie, c'est un signe d'incertitude ou de manque de confiance.

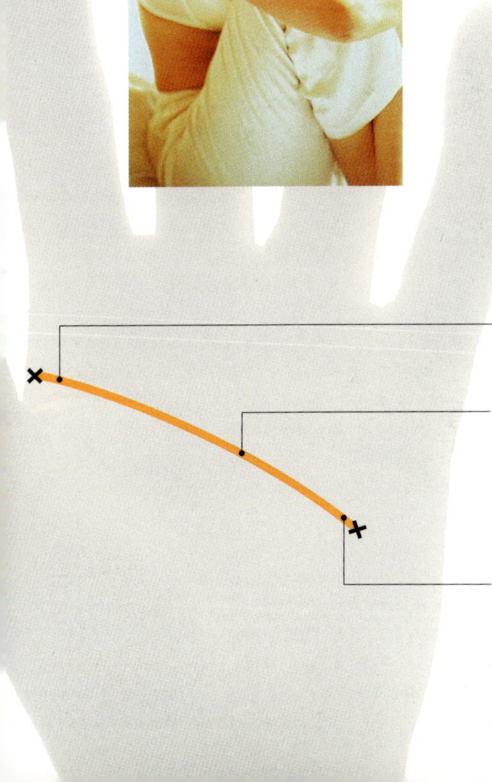

La ligne de tête idéale prend naissance près de la ligne de vie du côté radial de la main et traverse la surface palmaire.

Elle s'incline légèrement et descend progressivement vers le sommet du mont de Vénus.

La fin idéale se situe sous l'annulaire le long du bord de la main, mais c'est rarement le cas.

Lire la ligne de tête

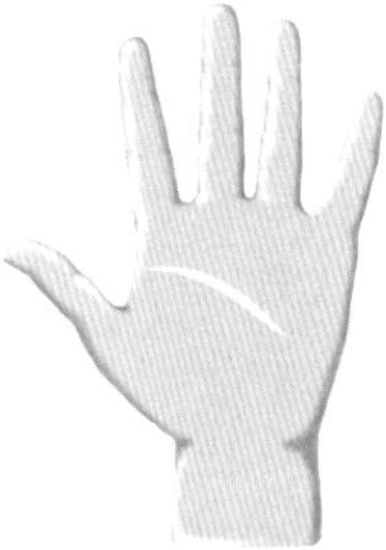

La ligne de raison
La ligne de tête détermine l'emploi des facultés intellectuelles.

La ligne de tête débute soit sur le mont de Jupiter, le siège de la fierté et de la réussite, soit à proximité de la ligne de vie. Plus le point de départ est éloigné de la ligne de vie plus la personne est impulsive et ce, particulièrement sur les mains coniques.
La ligne de tête traverse parfois la main de façon rectiligne ou elle s'incline légèrement. Il lui arrive aussi de finir sur le mont de Vénus ou de s'interrompre brutalement ou bien encore de se diviser une ou deux fois, de s'estomper ou de disparaître.

La comparaison des mains

Lorsque vous comparez les deux lignes de tête du sujet, l'une semble toujours plus marquée que l'autre. Si la ligne la plus faible se trouve sur la main droite, l'esprit du sujet sera négatif, indécis et soumis. Si elle se trouve sur la main gauche, les pensées du sujet seront positives et ordonnées. Le sujet aura fait preuve d'initiative pour se libérer des contraintes.

Lorsque les deux lignes sont d'épaisseur égale, d'origine similaire et de parcours identique, le sujet n'aura eu à subir que peu de changements.

La longueur

Une ligne courte indique un esprit pratique moins souple que la moyenne. Le sujet peut connaître la gloire ou l'infamie pour ses dispositions particulières. Une ligne courte finissant sous le majeur est rare sur une main conique mais courante sur une main carrée. C'est le signe d'un bon niveau de concentration, mais aussi d'un intérêt pour les mondanités et du goût pour la routine. Une ligne de tête longue indique une pensée confuse mais plus flexible. Ces personnes ont beaucoup d'imagination.

Une ligne de tête longue coupant littéralement la main en deux, s'appelle la ligne de Sydney. Elle indique une excellente maîtrise mentale, une nature inflexible et très égoïste.

Vous verrez parfois des mains ayant une ligne de tête d'apparence très irrégulière ou très marquée au début qui disparaît pour ensuite réapparaître à nouveau. Cela exprime la difficulté du sujet à garder la tête hors de l'eau et son incapacité à s'adapter. D'éventuelles lignes ou marques d'influence à ce point précis devraient en dévoiler la cause. Plus la ligne de tête commence haut sur le mont de Jupiter, plus le caractère est noble.

La ligne de tête double

La ligne de tête est parfois double ce qui indique une capacité à vivre ou à travailler simultanément dans des sphères différentes.

LA LIGNE DE TÊTE

Comme toutes les lignes, la ligne de tête devrait être exempte de toute marque hormis les lignes verticales qui la traversent. Il ne doit pas y avoir de points, de barres, d'îles, de chaînes. La ligne ne doit pas disparaître non plus. Plus la ligne est claire, plus la pensée est claire. Plus la ligne est courbée, plus le sujet est imaginatif.

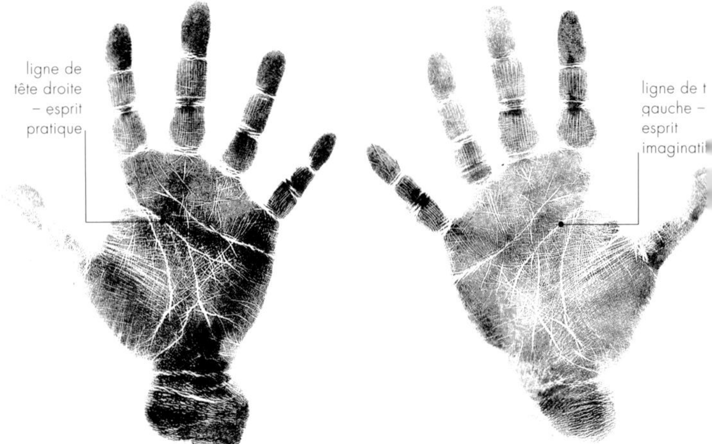

Les différentes lignes de tête

Ces deux empreintes appartiennent à une coiffeuse. La main gauche montre une nature imaginative mais peu pratique. La ligne de la main droite se courbe très légèrement ce qui suggère que cette femme a réalisé qu'elle pouvait exploiter l'aspect pratique de ses dons créatifs, comme le choix de sa profession de coiffeuse le montre. Lorsque la ligne de tête monte même légèrement, cela montre une capacité à gagner de l'argent par ses propres moyens, pour le meilleur et pour le pire.

Un manque de résistance

Une ligne de tête avec des chaînes ou qui ondoie, est signe d'un manque de concentration. Le sujet devrait éviter les postes à responsabilités car il termine rarement ce qu'il a commencé.

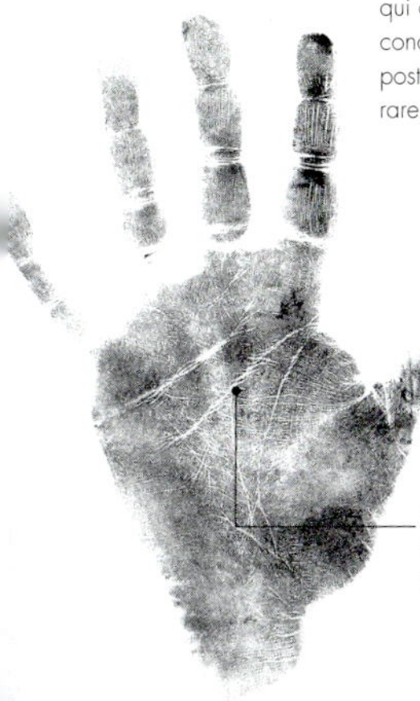

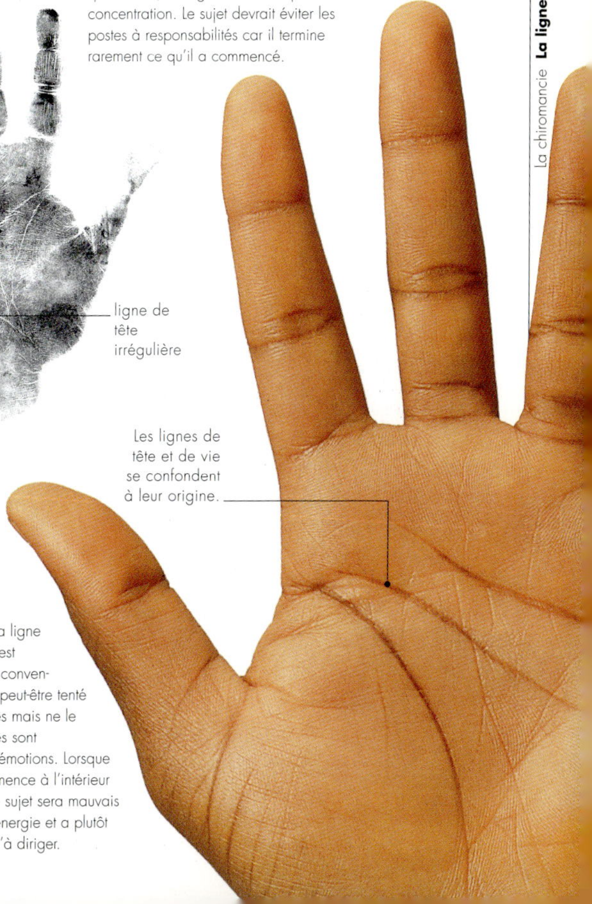

Conventionnel

Plus la ligne de tête commence près de la ligne de vie moins l'esprit est confiant et plus il est conventionnel. Le sujet sera peut-être tenté d'enfreindre les règles mais ne le fera pas. Ses pensées sont déterminées par ses émotions. Lorsque la ligne de tête commence à l'intérieur de la ligne de vie, le sujet sera mauvais joueur. Il manque d'énergie et a plutôt tendance à suivre qu'à diriger.

Lire la ligne de tête

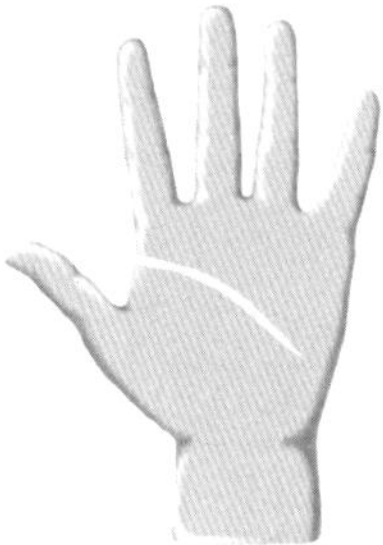

Imaginatif
Une ligne de tête tendant vers le mont de la Lune est signe d'imagination.

Le sujet ayant une ligne de tête très marquée aime la flatterie. Plus la ligne est profonde plus la personne est égoïste. Un espace important entre le début de la ligne de tête et celui de la ligne de vie montre un sujet impulsif, ambitieux et capable de mener des projets à terme, mais manquant de tact.

Plus l'espace rectangulaire entre les lignes de tête et de cœur est régulier plus le bon sens domine. Plus cet espace est large plus le sujet est pratique ; plus il est étroit plus le sujet est émotif.

La ligne de tête et les monts

Si la ligne de tête tend vers le mont de Mercure, le sujet est froid et ses relations avec les autres sont dénuées d'émotions. Il en va de même quand la ligne reste sur la partie supérieure de la main. Si c'est le cas sur les deux mains, cela signifie que les sentiments du sujet sont dominés par sa raison.

Lorsque la ligne de tête tend vers le mont de la Lune, le sujet a de l'imagination mais plus la ligne descend bas moins les facultés mentales sont positives. Si la ligne s'atténue sur la fin cet aspect sera amplifié.

Les îles, les fourches et les lignes d'influences

La présence d'une île sur la ligne de tête signifie l'affaiblissement du pouvoir de l'ensemble de la ligne. Une fin de ligne de tête fourchue indique que la vie du sujet est contrasté, qu'il est actif et a une bonne prédisposition pour le travail de recherche. Si la fourche se situe vers la fin de la ligne, le sujet a la capacité de poursuivre deux carrières à la fois.

Des lignes d'influence partant de la ligne de tête vers le haut attestent d'efforts fournis par le sujet pour améliorer sa condition. Les lignes partant vers le bas sont un signe d'incertitude.

Lorsque la ligne de tête s'estompe vers la fin cela reflète les faiblesses de l'âge. Le sujet devrait ralentir et déléguer ses responsabilités aux autres. La main avertit que les énergies naturelles décroissent avec l'âge et que le sujet doit s'en accommoder. Lorsque la ligne de cœur est plus longue que la ligne de vie, l'intellect domine.

Le crochet de l'écrivain

Une petite fourche à la fin d'une ligne de tête déjà fourchue qui remonte légèrement est appelée « le crochet de l'écrivain ». Il ne concerne pas uniquement l'écriture mais la créativité en général. Si l'une de ces deux lignes atteint l'extérieur de la main, le sujet est susceptible d'être connu au niveau international (gloire ou infamie) selon la nature de ses efforts.

Emotif

Une ligne de cœur nettement marquée indique un sujet très émotif.

LA LIGNE DE CŒUR

La ligne de cœur régit nos réactions émotives et forge notre caractère et notre personnalité. Elle indique aussi le niveau de santé vasculaire et dans certaines circonstances des problèmes auditifs et visuels. Plus la ligne de cœur est courbée plus le sujet est émotif ; plus la ligne est rectiligne plus le sujet est inflexible. Une ligne de cœur à peine ébauchée indique généralement un sujet excessivement sensible et timide.

La ligne de cœur basse

Les personnes ayant une ligne de cœur basse ont toujours des relations intenses avec les personnes particulièrement avec les enfants qui sont beaucoup plus réceptifs que les adultes.

Les sentiments

La ligne de cœur révèle l'intensité de vos sentiments. La profondeur à laquelle elle descend sur la main exprime l'aspect physique de l'amour. Plus la ligne est haute et droite moins la personne est physique.

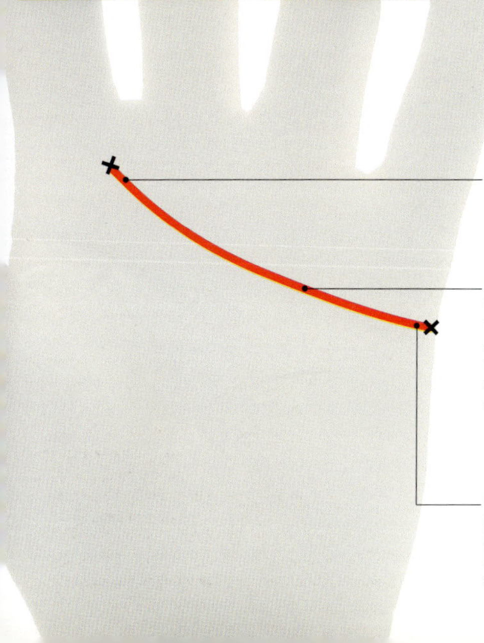

Lorsque la ligne commence en haut du mont de Jupiter, le sujet domine la relation.

La ligne doit être nette et positive sur toute sa longueur. Mais cela est rarement le cas. Il y a souvent des îles et des chaînes.

Une ligne courte n'atteignant pas la le bord extérieur de la main est signe d'idéalisme.

Lire la ligne de cœur

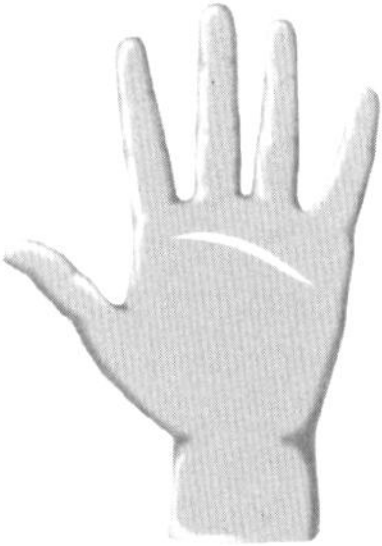

Une ligne de cœur courte
Une ligne de cœur courte, rectiligne et haute est signe de froideur.

Deux écoles de pensée s'opposent, concernant cette ligne. Toutes deux s'accordent sur le fait qu'elle débute sur le bord radial de la main, tout comme les deux lignes principales.

Les émotions étant instinctives, certains prétendent que la ligne de cœur commence du côté extérieur de la main pour finir du côté radial. Une minorité prétend que cette ligne ne peut avoir ni début ni fin en raison de ce qu'elle représente. Le fait que cette ligne débute par une fourche alors que les deux autres lignes terminent par une fourche a été vivement discuté.

La ligne de cœur débute soit au-dessus ou au-dessous du mont de Jupiter, soit entre l'index et le majeur, ou encore sur le motif palmaire du bord radial juste au-dessus de la ligne de tête. Elle peut aussi débuter par une fourche sur le mont de Saturne sous l'index.

Si la ligne de cœur commence haut et reste haute, le sujet est idéaliste. Lorsque la ligne est divisée en deux branches, l'une partant du bord radial et l'autre du mont de Jupiter, c'est un signe d'adaptabilité émotionnelle. Souvent cette ligne est fourchue, une branche provenant du mont de Saturne et l'autre du bord radial. En général, une des deux lignes est légèrement plus profonde que l'autre.

Si la branche la plus forte provient du côté de la main, le sujet sera de nature profonde et honnête. L'inverse montre une conception ouverte et pratique de la vie, c'est souvent le cas des mains des aides à domicile.

La longueur et la densité

La ligne peut être épaisse ou fine, longue ou courte, avec une chaîne ou des îles et être exempte de marques d'influences.

Une ligne profondément marquée est signe de tension émotionnelle et de problèmes de santé – soucis, stress et tension. Cette ligne est souvent plus foncée que les autres et ces symptômes se confirment ailleurs sur la main.

Une ligne courte, droite et haut placée est signe de froideur, un trait de caractère amplifié sur une petite paume. Une ligne de cœur placée bas montre un caractère passionné et si la ligne de tête est aussi placée bas, le sujet sera possessif.

La ligne de cœur idéale

La ligne de cœur idéale commence sous l'index est se prolonge vers le bord radial de la main en se courbant légèrement. Ce type de personne est équilibré et sain. Plus la ligne descend bas sur la main plus la personne est physique. Plus la ligne de cœur est haute plus la personne a une approche réfléchie des choses.

LA LIGNE DE CŒUR

La ligne de cœur est souvent la ligne la plus foncée et la plus profonde de la main, ce qui suggère que le sujet obéit à ses instincts émotifs malgré ce que lui dicte sa raison. Quand cela se produit, de nombreuses lignes d'influence traversent la ligne de cœur de haut en bas. Plus la ligne de cœur est placée haut sur la paume, moins le sujet obéit à ses émotions.

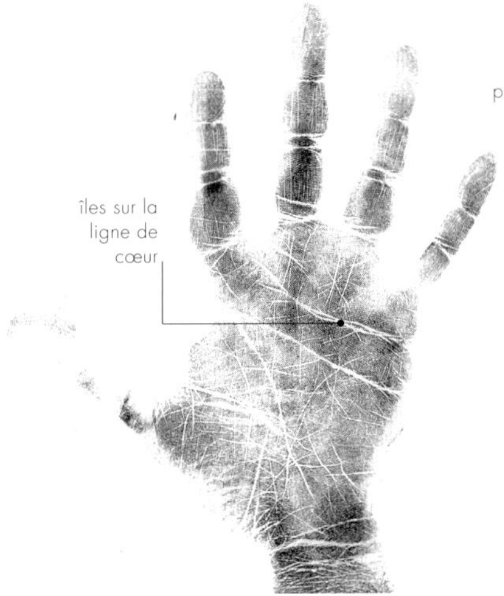

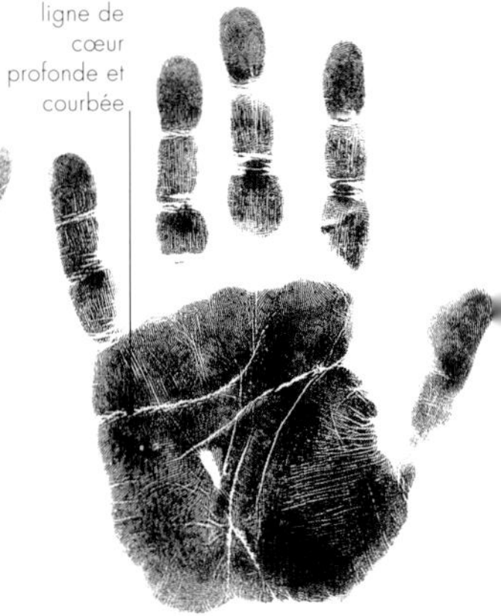

Les îles sur la ligne de cœur
La présence d'une île sur la ligne de cœur sous le majeur indique des troubles auditifs, tandis que sous l'annulaire, il s'agit de troubles visuels. Leur présence sur les deux mains est un facteur aggravant.

Une ligne de cœur profonde et courbée
Plus la ligne de cœur est courbée, plus les sentiments du sujet seront profonds. Plus la ligne est droite et haute, plus l'approche est terre à terre.

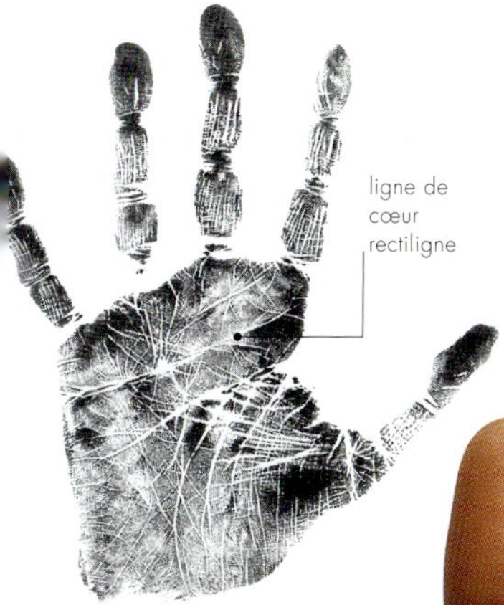

L'équilibre émotionnel

Lorsque la ligne de cœur commence entre l'index et le majeur, le sujet a trouvé un équilibre entre idéalisme et aspects pratiques de la vie.

Ligne de cœur rectiligne

Une ligne de cœur traversant la main de part en part est signe de possessivité. Plus la ligne est basse plus le sujet est physique ; plus la ligne est haute, plus le sujet est idéaliste.

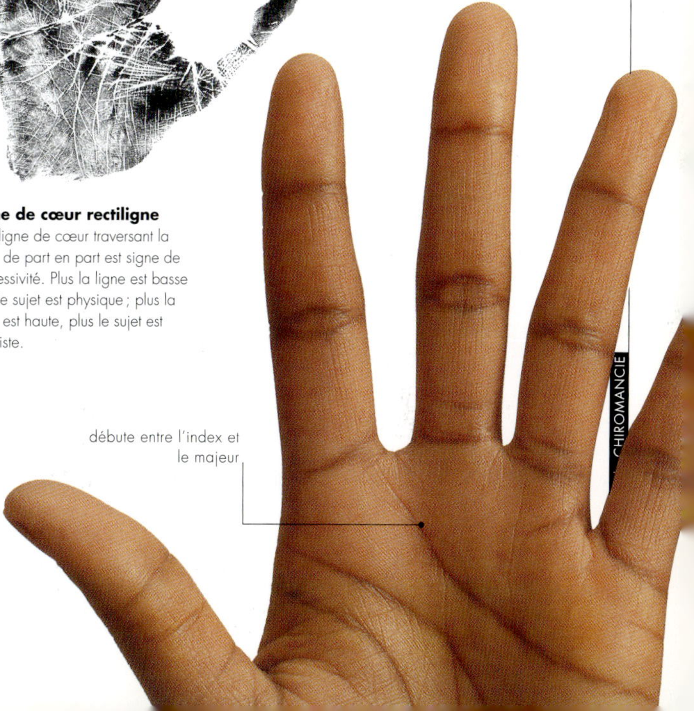

Lire la ligne de cœur

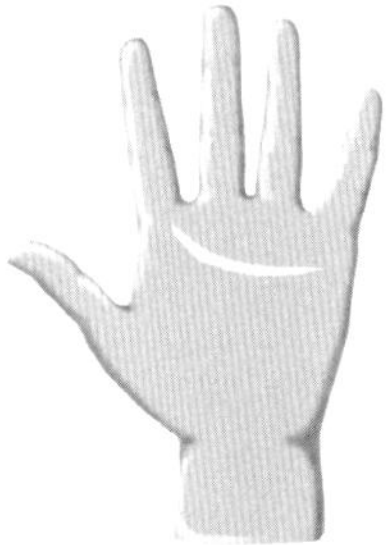

Réactif
Si la ligne est nettement inclinée, le sujet fait preuve de chaleur dans ses sentiments.

Lorsque la ligne de cœur se termine à l'extrémité de la main sous le mont de Mercure vers le mont de Mars, le sujet est égoïste, froid et impitoyable.

Si les trois lignes principales sont soudées à leur origine c'est le signe d'un traumatisme – un événement jamais oublié dont le sujet ne se remettra jamais.

Une ligne de cœur à peine ébauchée montre un sujet moins passionné qui cherche une satisfaction plus physique que sentimentale dans ses relations amoureuses.

Il est direct, terre à terre et prudent. Il est relativement ouvert et amical mais quand il a des soucis, c'est chacun pour soi.

Une ligne de cœur débutant bas entre le pouce et l'index montre une nature possessive, un trait qui s'amplifie au fur et à mesure que la ligne progresse sur la main. Le sujet ne supporte pas la critique des personnes auxquelles il fait confiance et il est très difficile à convaincre.

Une personne ayant une ligne de cœur rectiligne est moins cordiale et facile à vivre ; elle est renfermée et difficile à convaincre. Une ligne courbée est le signe d'une nature plus démonstrative, plus cordiale, ouverte et aimable.

Main gauche et main droite

Les lignes de cœur des deux mains diffèrent souvent. Si la ligne de la main gauche est profondément marquée et celle de droite plus pratique, cela montre que le sujet a été blessé lors d'une relation précédente. La situation inverse indique qu'un partenaire compréhensif a su faire sortir le sujet de sa coquille. Si les différences sont minimes, le sujet est satisfait.

Les lignes d'influence

Des fines lignes d'influence inclinées vers le bas à partir de l'origine de la ligne indiquent une nature agitée et versatile. Le sujet n'aura que peu d'amis proches mais un large cercle de relations. Il a des connaissances superficielles dans de nombreux domaines.

La santé et la ligne de cœur

Une île située sur la ligne sous le doigt de Saturne indique des troubles auditifs et de vertige.

La présence d'une île sur la ligne de cœur sous le doigt d'Appolon est associée aux troubles occulaires. La présence de trois ou quatre lignes verticales juste au dessus de la ligne de cœur sous le doigt de Mercure dénote des problèmes dentaires.

Les valeurs familiales
Un enfant n'ayant pas de ligne de chance a besoin d'être guidé par ses parents.

LIGNE DE CHANCE

Elle est probablement la plus importante des lignes secondaires et dans la pratique, je la considère comme la quatrième ligne principale. Sa présence ou son absence ainsi que sa position sont essentielles. Vous devez impérativement lui consacrer votre attention. Son influence est aussi forte qu'elle soit présente ou absente.

Une ligne de chance pleine
La ligne de chance indique le sens des responsabilités. Le sujet fait de son mieux pour tenir son rôle, ce qui lui permet de maintenir sa position dans la société. Un sujet avec une ligne de chance pleine est droit, honnête, franc et il comprend son rôle social. Souvent il travaille à un poste où la précision est essentielle. La ligne de chance est rarement entièrement développée sur les deux mains mais si c'est le cas, le sujet a une conscience intuitive de son environnement.

L'absence de ligne de chance

L'absence de ligne montre toujours un manque de repères. Le sujet est indécis et instable sans véritable amour propre.

La ligne de chance va du poignet jusqu'à la base de l'index. L'une des variations n'est pas une ligne de chance à proprement parler mais une association de lignes : les lignes de la conscience, destinée, de l'environnement ou du milieu et les lignes de direction ou du devoir.

Lire la ligne de chance

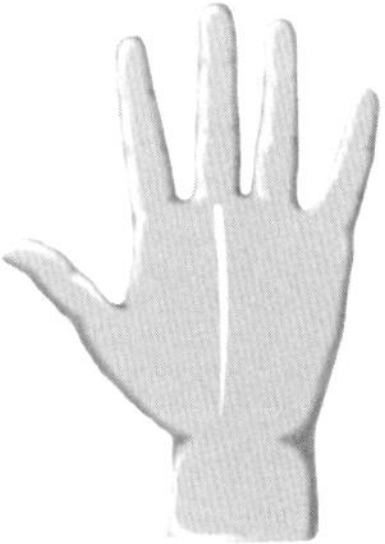

Présente ou absente ?
La ligne de chance est importante qu'elle soit présente ou non.

La ligne de chance est importante car elle est intimement liée à notre conception de la vie, ce qui n'est pas le cas des lignes principales dont l'absence n'a pas de signification particulière.

Par contre, si les mains d'un enfant sont dépourvues de ligne de chance, celui-ci doit être élevé strictement et apprendre le plus tôt possible les règles de la vie. Il doit comprendre dès son plus jeune âge la différence entre le bien et le mal, afin de ne pas mal tourner.

L'origine de la ligne de chance

La ligne de chance – ou ligne du devoir – commence entre les racines des doigts ou à l'intérieur de la ligne de vie sur le mont de Vénus. Tant que la ligne de chance est à l'intérieur de la ligne de vie, le sujet est soumis aux désirs de sa famille. Dans un tel cas, examinez la ligne de chance lorsqu'elle quitte la ligne de vie. Si elle est plus marquée, le jeune sujet suivra la carrière souhaitée par sa famille. Si la ligne de chance s'affaiblit ou disparaît, les efforts faits ont été abandonnés. Parfois, une nouvelle ligne commence quand la première finit. Une ligne forte est signe de confiance et la promesse de nouvelles aventures.

Une ligne de chance commençant à partir de la ligne de vie indique des privations au cours de l'enfance. Le jeune sujet a dû travailler dur pour parvenir où il en est. Plus la ligne commence haut, plus le sujet choisira tard sa direction dans la vie.

La ligne de chance peut aussi commencer sur le mont de la Lune. Une ligne longue et claire allant jusqu'à la base du majeur est un signe d'indépendance et de détermination. Le sujet fait certainement carrière dans le monde du spectacle ou dans la politique.

Une ligne de chance débutant par une fourche indique une sujet ambitieux. Si une branche du mont de Vénus coupe une ligne venant du mont de la Lune, le sujet est conscient des souhaits de sa famille. La branche la plus forte montrera qui l'emportera.

La ligne du milieu

Parfois, une ligne brève apparaît entre les lignes de vie et de chance et s'arrête avant la ligne de tête. Il s'agit de la ligne du milieu qui est un signe de problèmes. Elle empêche le sujet de poursuivre ses objectifs, pour des raisons de santé ou de manque d'argent. Les problèmes disparaissent ensuite avec l'interruption de la ligne.

Dater les événements

Pour plus d'informations concernant l'utilisation de la ligne de chance dans la datation des événements, voir page196.

LA LIGNE DE CHANCE

Il est impératif de ne pas sous-estimer l'importance de la ligne de chance. Lorsqu'elle est absente, le sujet manque de repères. Lorsqu'elle est présente – ce qui est en général le cas, même si elle n'est qu'ébauchée – le sujet a plus ou moins un but dans la vie. Cette ligne a un effet équilibrant sur le sujet. Plus elle est forte, plus le sujet maîtrise sa vie. Lorsque cette ligne est à peine esquissée, le sujet est instable.

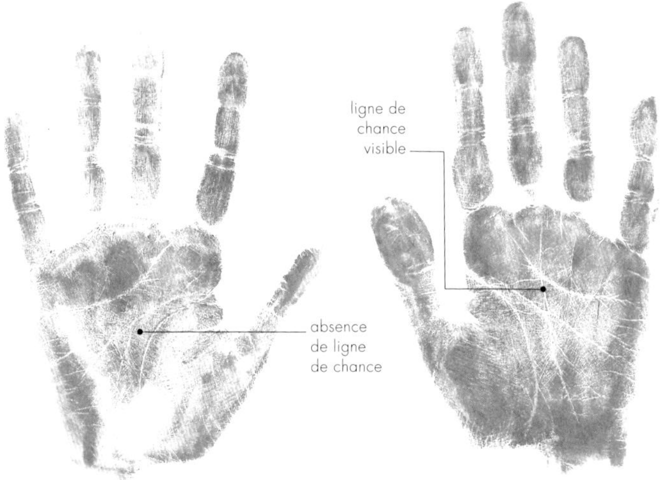

La comparaison des mains
Si la ligne de chance est uniquement présente sur la main droite, le sujet va toujours de l'avant et fait preuve d'initiative. Lorsqu'elle n'est présente que sur la main gauche, le sujet est rêveur et imaginatif mais incapable de concrétiser ses projets. Ci-dessus, une ligne de chance parfaite sur la main droite et absente sur la main gauche.

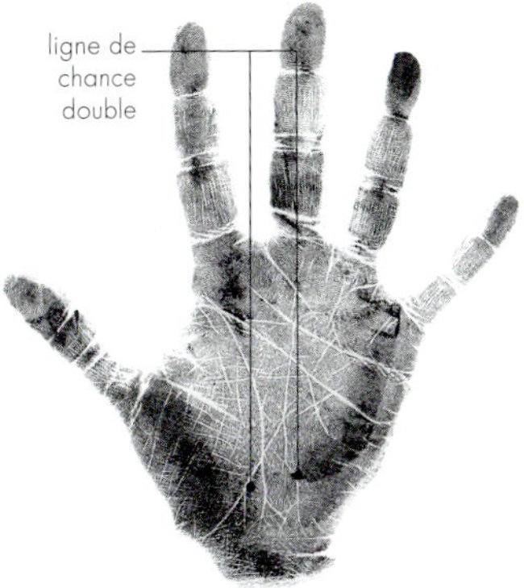

Une ligne de chance double

Dans ce cas de figure, deux lignes de chance sont présentes, l'une débute de la ligne de vie et l'autre du mont de la Lune. Les objectifs du sujet remontent à son enfance (débutent dans la ligne de vie) et sont restés identiques (ils se rejoignent). La ligne de la Lune est signe d'une volonté de réussite qui elle, dépend de l'acceptation du public.

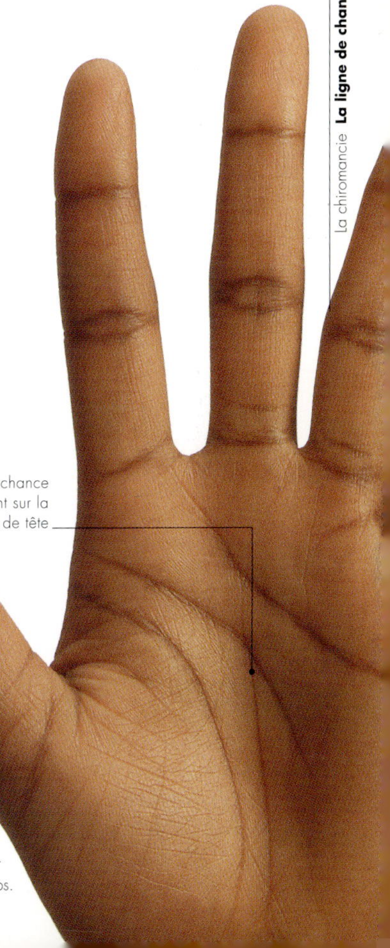

La fin de la ligne de chance

Lorsque la ligne de chance finit à la ligne de tête, comme ici, le sujet manque de jugement. Si elle s'arrète à la ligne de cœur, la carrière a été interrompue pour des raisons sentimentales. Si la ligne se confond avec la ligne de cœur, les buts à atteindre étaient désirés depuis longtemps.

Lire la ligne de chance

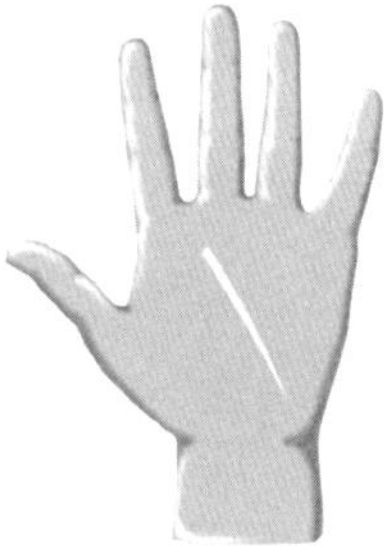

Variation

Cette variation de la ligne de chance commence sur le mont de la Lune.

Plus la ligne de chance est nette, plus les chances de succès sont grandes, sans qu'elle implique nécessairement gloire et fortune. La ligne montre quelle réelle satisfaction intérieure le sujet va connaître au travers de ses efforts, l'argent et la gloire étant un bonus.

Lorsqu'une ligne pâle va en s'affirmant, le sujet a connu des débuts difficiles avant de réussir. Lorsque la ligne de chance va du mont de la Lune au doigt de Jupiter, la motivation personnelle du sujet est grande.

Les fourches et les branches

Lorsque la ligne se divise en de nombreuses branches, le sujet se disperse et a du mal à mener à bien quoi que ce soit. Parfois, lorsque la ligne de chance est fourchue, l'une des branches va vers le mont de Jupiter et l'autre vers le mont de Saturne. La localisation de la fourche est importante pour son interprétation : au début de la ligne, c'est une affaire commerciale ; sur la ligne de cœur, c'est le signe d'un changement émotionnel.

Une extrémité en forme de trident est signe de chance uniquement si la ligne passe par la ligne de cœur. Une ligne de chance du poignet au majeur dénote un sujet fataliste pour qui tout n'est que devoir. Il passe sa vie dans une ornière sans essayer d'en sortir.

La réalisation des ambitions

Les lignes qui disparaissent et réapparaissent montrent l'alternance de hauts et de bas. Une ligne de chance commençant entre la ligne de tête et la ligne de cœur indique une ancienne ambition enfin réalisée. Si elle commence à la ligne de cœur, le sujet a fait carrière dans un domaine qui était à l'origine son passe-temps. Vérifiez avec le motif palmaire entre les doigts de Jupiter et de Saturne : une boucle nette semble pénétrer la paume, c'est un signe de volonté qui annonce la concrétisation d'un désir de longue date.

Si elle commence entre la ligne de cœur et la base des doigts, sa localisation est cruciale : sur le mont de Jupiter, une promotion ; sur Saturne, un poste à responsabilités longtemps désiré ; sur le mont d'Apollon, dans le domaine artistique ; et sur le mont de Mercure, dans le domaine de la communication mais cela dépend à son tour de la forme de la main.

Temps et ligne de chance

Si vous acceptez le principe que la ligne de chance débute au poignet et finit à la base de l'index, la chronologie des événements est facile à établir : L'intersection de la ligne de chance et de la ligne de tête correspond au 35e anniversaire et l'intersection avec la ligne de cœur au 50e anniversaire.

La concentration
Le sujet à ligne simienne canalise son énergie dans une activité manuelle intense.

LIGNE SIMIENNE ET DE SYDNEY

La ligne simienne résulte de la fusion de la ligne de tête et de la ligne de cœur et prend la forme d'une ligne traversant le haut de la paume de la main. Normalement la ligne est quasi rectiligne. Mais parfois les deux lignes ont des origines différentes et se rejoignent pour former une seule ligne qui peut sembler irrégulière et incomplète. La ligne de Sydney apparaît lorsque la ligne de tête traverse la paume en une ligne rectiligne semblant couper la paume en deux.

Un battant
Le sujet avec une ligne simienne est obsessionnel : il veut à tout prix réussir et ne doit pas être distrait de ses ambitions. La réussite est son seul but : quand une lettre doit être écrite, elle doit l'être immédiatement. Il en va de même pour les courses ou un voyage – quel que soit le but, il prend une importance exagérée.

Des obsédés du contrôle

Le sujet ayant une ligne de Sydney possède une grande maîtrise intellectuelle et il ne se laisse pas détourner de son but par ses émotions.

Si cette ligne est présente sur les deux mains, le sujet est sans pitié. Rien ne peut l'empêcher d'arriver à ses fins.

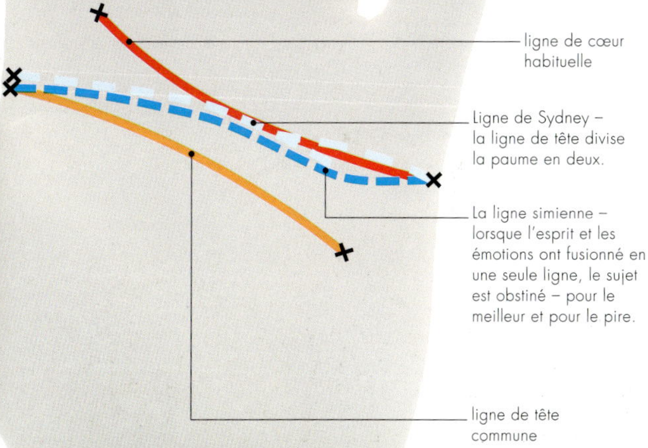

La ligne simienne et la ligne de Sidney

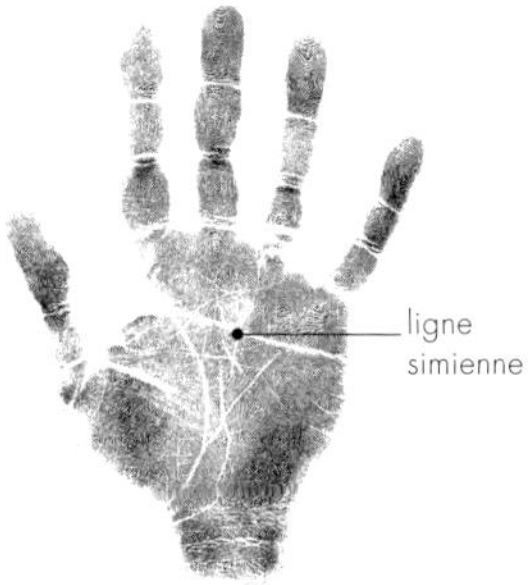

Parfaite

Cette main est traversée d'une ligne simienne parfaite.

La ligne simienne

Une personne par ailleurs saine et intelligente en possession de cette ligne peut devenir subitement obsédée par le pouvoir. Elle veut alors tellement parvenir à ses fins que rien ni personne ne peut l'arrêter ; elle est incapable de mettre en œuvre ses véritables aptitudes.

Elle est alors obsédée et semble différente ; vous ressentez sa capacité de contrôler, d'avoir toujours raison et de ne pas faire d'erreur. Elle veut toujours des faits et non pas des hypothèses. Elle respecte les règles de politesse et elle se transforme en une machine efficace ; sa popularité est la dernière chose qu'elle ait à l'esprit.

Lorsque la ligne simienne se situe bas sur la paume, le sujet contrôle mal ses émotions, et quand elle est placée plus haut la raison domine.

Si la ligne est plus épaisse à son origine, le sujet est froid et calculateur et si elle est plus épaisse sur le bord radial de la paume, les émotions sont instinctives. Une ligne épaisse et droite traversant la paume est le signe d'une nature egoïste et matérialiste.

Une ligne plus fine et moins marquée est signe d'une grande sensibilité doublée d'intuition naturelle. Les réactions sont rapides mais toujours teintées d'égoïsme. Le sujet est nerveux et incapable de rester en place.

La ligne de Sydney

Elle indique un sujet qui peut bannir les émotions de sa vie et agir froidement et précisément jusqu'à ce qu'il parvienne à ses fins.

Si cette ligne est présente sur les deux mains, le contrôle mental est énorme ; le sujet est prêt à tout sacrifier pour gagner. Si elle n'est présente que sur la main gauche, le sujet n'accepte ni critique ni refus. Il a une excellente mémoire – il n'oublie ni ne pardonne quoi que ce soit.

Si cette ligne n'est présente que sur la main droite, c'est un signe d'égoïsme. La personne est fière de ce qu'elle fait et elle ne reconnaîtra pas avoir besoin d'aide. Elle maîtrisera par ailleurs très bien ses émotions et ses réactions.

Pas de demi-mesure

Le sujet ayant une ligne simienne aime et déteste avec la même intensité. Il vaut mieux être sûr de vous avant de lui faire face.

LA LIGNE DE MERCURE

La ligne de Mercure a porté de nombreux noms et continue d'être appelée ligne de santé ou ligne hépatique, ligne du foie, de l'estomac ou plus récemment ligne du commerce. Les débutants la confondent souvent avec la ligne d'intuition. Sa présence indique que le sujet est dominé par son côté passif et inconscient et qu'il connaît l'importance de son état de santé.

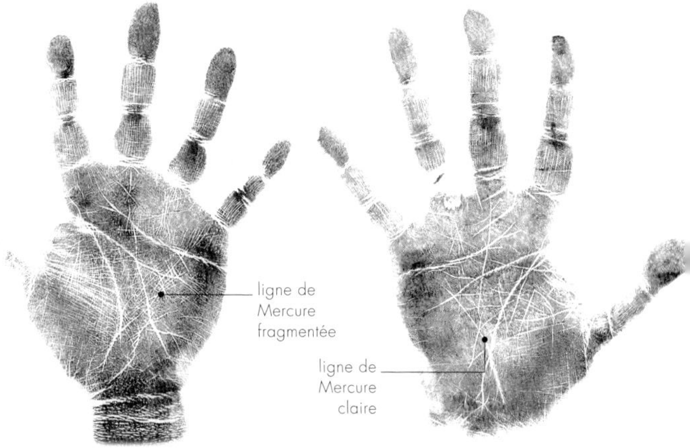

La ligne de Mercure mal dessinée
Cette main possède une ligne de Mercure mal formée. Mais cette forme n'est pas significative car un sujet en possession d'une ligne de Mercure, quelle qu'elle soit, prend soin de sa santé au point d'être parfois hypocondriaque.

La ligne de Mercure bien dessinée
Lorsque la ligne de Mercure commence sur la ligne de vie, le sujet prend toujours soin de sa santé et de son régime alimentaire. Il déteste prendre des cachets et préfère avoir mal à la tête que de se soigner.

Un début fourchu

Des lignes de Mercure à origines multiples sont courantes. La main ci-dessous indique des besoins alimentaires simples tandis que l'autre main indique un sujet obsédé par l'hygiène. Une origine placée haut sur la paume dénote un sens des affaires.

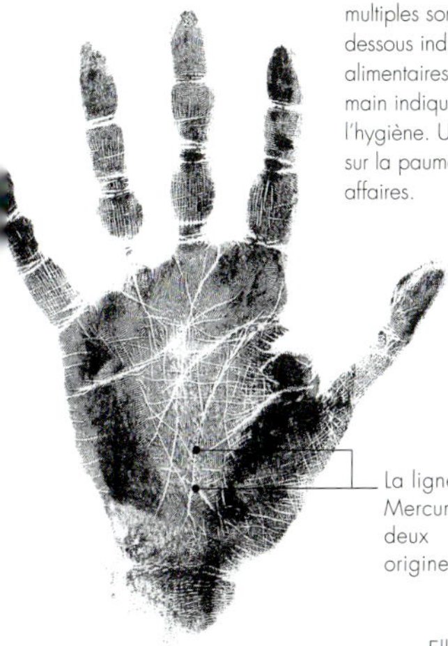

La ligne de Mercure a deux origines.

La ligne de santé

Le sujet souffre de faiblesse ou de problèmes de santé chroniques. Il fait attention à sa santé et à son régime alimentaire. D'autres aspects ayant trait à la santé ont aussi leur importance, comme l'hygiène personnelle et les régimes de remise en forme. Le sujet peut parfois même souffrir d'hypocondrie. Il vaut mieux que cette ligne soit absente, ainsi le sujet n'est pas obsédé par sa santé.

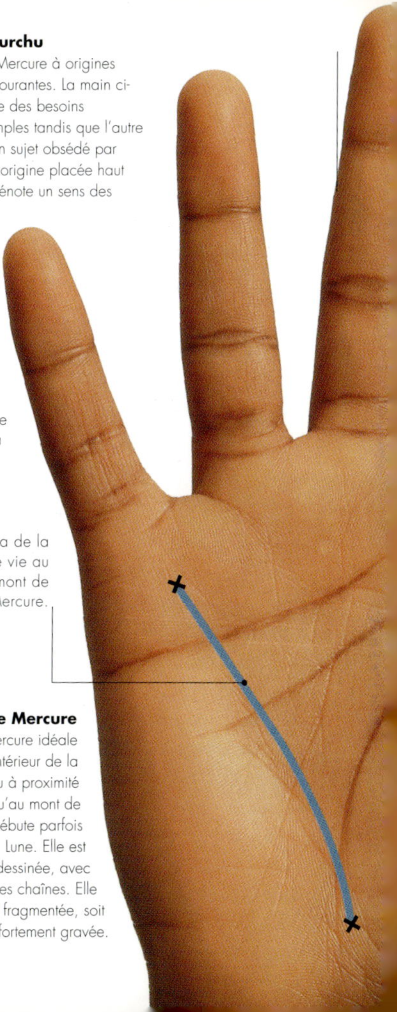

Elle va de la ligne de vie au mont de Mercure.

La ligne de Mercure

La ligne de Mercure idéale part de l'intérieur de la ligne de vie ou à proximité de celle-ci jusqu'au mont de Mercure. Elle débute parfois au mont de la Lune. Elle est souvent mal dessinée, avec des îles ou des chaînes. Elle peut être soit fragmentée, soit fortement gravée.

La ligne de Mercure

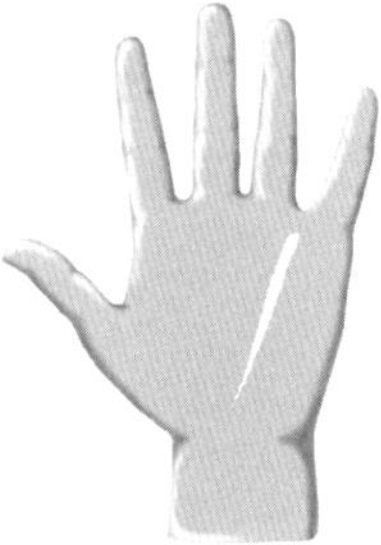

Longue et droite
Une ligne de Mercure longue et droite est le signe d'une personne pleine d'illusions et d'inhibitions.

Lorsque la ligne de Mercure commence sur le mont de Vénus, à l'intérieur de la ligne de vie, le sujet est anxieux de naissance. Il peut souffrir d'une faiblesse du système digestif et a tendance, soit à éviter, soit à prendre régulièrement des remèdes supplémentaires et des vitamines.

Lorsque la ligne d'allergie (voir page 134) est aussi présente sur la main, des allergies réelles ou imaginaires en seront le signe. Souvent, quelle que soit la maladie dont vous parlez, le sujet l'a déjà eue. La simple mention de maladie est déjà de trop pour lui.

La ligne du commerce

Lorsque la ligne de Mercure commence au centre de la zone de Mars et qu'elle est éloignée de la ligne de vie, l'aversion contre ces médicaments est moins marquée. Cette ligne est considérée comme étant la ligne du commerce. Les affaires, l'industrie et toute forme de commerce attirent le sujet. Le type de main est essentiel pour déterminer le centre d'intérêt du sujet.

Celui-ci semble avoir un sens naturel pour les finances. Cette ligne indique souvent un bon vendeur, une personne capable d'interpréter les tendances et qui sait exactement quand et comment gagner de l'argent.

Lorsque la ligne de Mercure croise la ligne de tête et si elle est assez longue, toute ligne d'influences qui la traverse, indique un intérêt pour les sciences occultes. Le reste de la main montre comment interpréter cet élément. Si la ligne s'interrompt en coupant la ligne de tête, le sujet a de nombreux centres d'intérêt. Il peut s'intéresser aux rituels et aux cérémonies.

Lorsque la ligne a un certain nombre de segments passant la ligne de tête sur le mont de la Lune, l'imagination est débordante. Si la ligne de tête est fourchue et si la ligne de Mercure traverse les deux branches, la personne est hypersensible et s'inquiète de tout et de rien. Dans une main vide, c'est plutôt une bonne chose mais dans une main pleine, l'énergie nerveuse du sujet sera rapidement épuisée et il tombera malade. Ce sujet doit savoir se reposer.

Lorsque la ligne de Mercure débute à la ligne de tête même, le sens des affaires sera moins instinctif mais plutôt basé sur des faits et des chiffres. Lorsque la ligne croise la ligne de cœur et touche l'une des petites lignes verticales se trouvant à l'intérieur du mont de Mercure, le sujet s'intéresse à ce qui touche à la guérison.

Le sens des affaires

Un bureau moderne équipé d'un ordinateur avec Internet, d'un fax et d'un scanner est la deuxième maison de ces commerçants nés.

CEINTURE DE VÉNUS ET VIA LASCIVA

La ceinture de Vénus est une petite ligne semi-circulaire ou une série de lignes interrompues partant du mont de Jupiter vers le mont d'Apollon ou de Mercure au-dessus de la ligne de cœur. La *Via Lasciva* est une petite ligne circulaire ou horizontale qui relie généralement la base des mont de la Lune et de Vénus. Elles ont toutes les deux un rapport avec le degré de sensibilité du sujet.

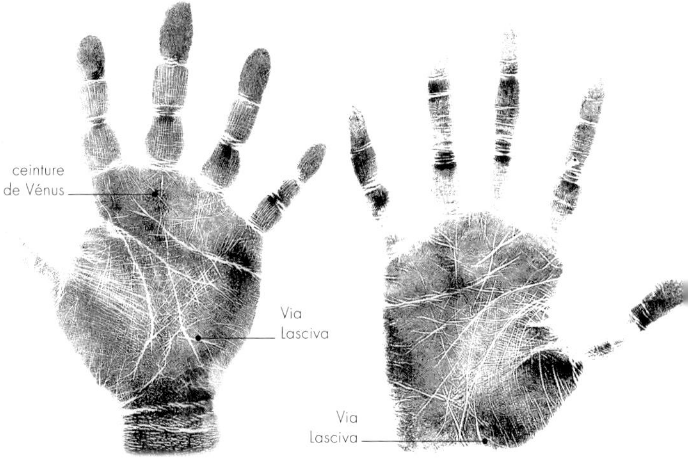

Les deux lignes sur une main
La ceinture de Vénus et la *Via Lasciva* sont toutes deux présentes sur cette empreinte. Conjuguées, leur effet est dévastateur sur un sujet qui ne se maîtrise pas ou peu.

La *Via Lasciva*
Avec cette ligne, le besoin physique de stimulation est très marqué et le sujet doit trouver un moyen de le satisfaire. Une ligne rectiligne peut être une ligne d'allergie.

Emotif et physique

La ceinture est signe d'une sensibilité émotionnelle et la *Via Lasciva* d'une sensibilité physique. Elles ne sont pas directement liées mais elles semblent agir de concert quand elles sont rassemblées sur une main. Elles peuvent être présentes toutes les deux sur une main ou sur les deux mains mais aussi apparaître seules ou ne pas apparaître du tout.

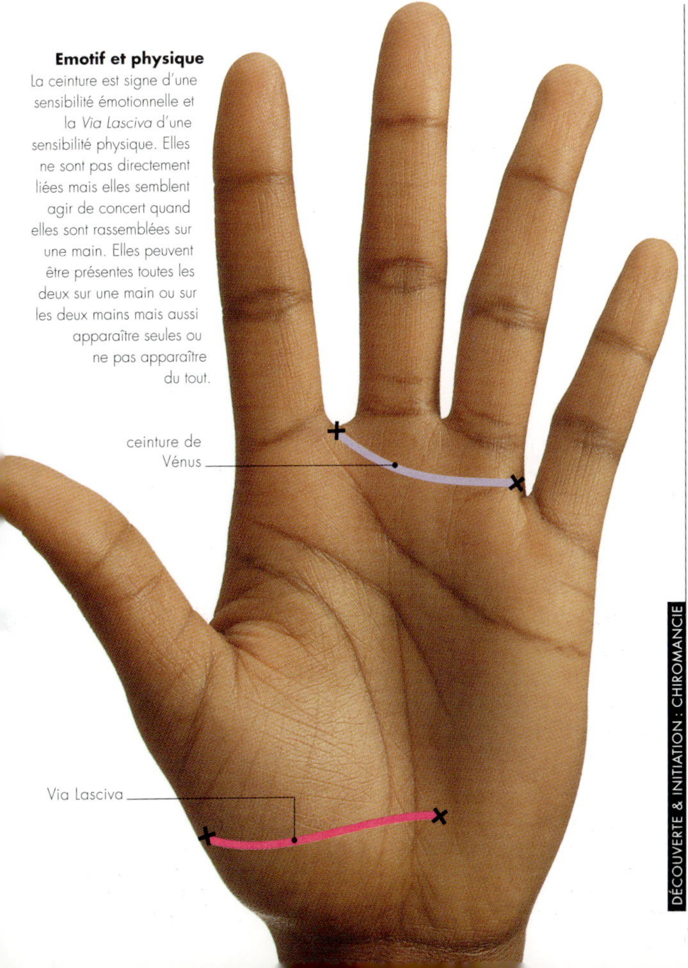

La ceinture de Vénus et la Via Lasciva

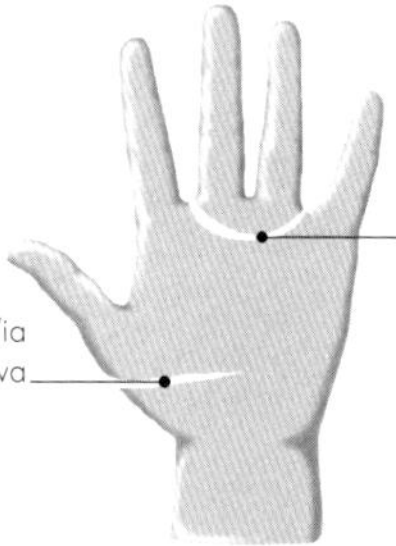

Charmeur

Une ligne de Vénus ininterrompue suggère un caractère charmeur.

La ceinture de Vénus

Cette ligne nette ou fragmentée, en îles ou en chaînes, se situe sur le haut de la main entre le premier et le quatrième mont, elle peut être longue ou courte. Elle permet de mesurer la sensibilité du sujet car elle se trouve sur la partie émotive de la main.

Une ligne ininterrompue sans aucune interférence ni défaut est signe d'instabilité émotionnelle et d'inconstance dans le domaine sexuel et amoureux. Le sujet est plutôt sain et responsable mais se laisse facilement tenter. Il est indiscret, séducteur et aventurier.

La présence de cette ligne sur une main conique indique un sujet ayant besoin d'une stimulation sensuelle excessive ; sur une main carrée, le sujet souffre d'inquiétude lorsqu'il est provoqué même s'il est complètement innocent ; sur une main spatulée, le sujet est nerveux et toujours à la recherche de nouveaux défis ; sur une main philosophique, le sujet sera désorienté par l'aboutissement d'un projet. Le sujet émotif à main mixte est incapable de rester en place et sera soit mauvaise langue, soit joueur, soit tenté par l'alcool, les drogues et le sexe. Une main élémentaire a rarement une ceinture de Vénus, mais si tel est le cas, le sujet se déchaînera littéralement en cas de déception.

Si la ligne est fragmentée, l'intensité émotionnelle est très réduite. Le sujet à ligne courte est certes sensible, mais il se maîtrise mieux.

La *Via Lasciva*

C'est une petite ligne semi-circulaire qui relie les monts de Vénus et de la Lune. Elle peut aussi être fragmentée en îles, en chaînes longues ou courtes. En fait cette ligne est d'aspect tellement varié qu'elle est facilement confondue avec une ligne de moindre importance.

Lorsque la ligne semble être un simple pont entre ces deux monts, le sujet a constamment besoin d'être stimulé physiquement pour compenser son ennui et il serait prêt à tout pour y parvenir. Lorsque la ligne commence sur le mont de Vénus et ondule jusqu'au mont de la Lune, tout excès physique est considéré comme normal. Sur une main douce carrée ou ronde, le sujet prendra des risques pour parvenir à ses fins.

Une combinaison explosive

La combinaison de ces deux lignes est explosive. Une main ferme diminue le problème tandis qu'une main tendre l'amplifie.

LA LIGNE DU SOLEIL

La ligne du soleil, ou ligne d'Apollon, est la ligne sœur de la ligne de chance. Elle passe toujours par la base de l'annulaire quelque soit son origine. En général, elle débute à la ligne de tête ou entre celle-ci et la ligne de cœur. Il lui arrive aussi de débuter à la ligne de cœur ou juste au-dessus de celle-ci. Elle commence et finit parfois en fourche ou encore en trident, ce qui est une signe de chance.

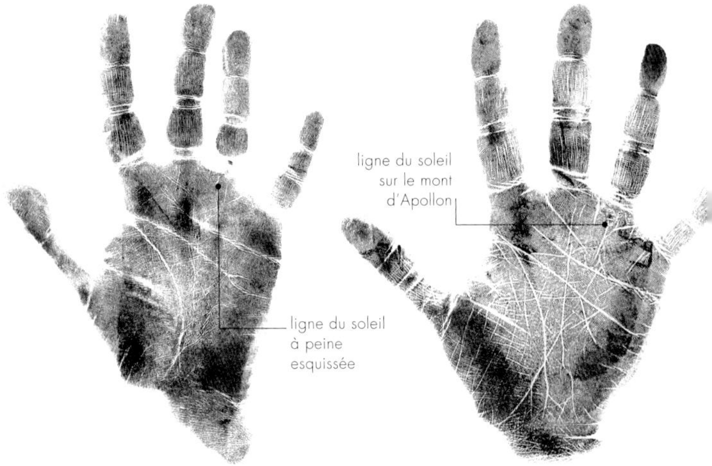

Une aide dévouée

Une ligne du soleil légèrement marquée est le signe d'une nature heureuse et d'un sujet prêt à rendre service dans la mesure où cela lui est demandé correctement et qu'on le remercie dans les formes.

Un type pratique

L'alignement de la ligne de tête et de cœur reflète l'approche pratique et terre à terre du sujet et les problèmes qui en découlent. Le sujet est facilement déconcerté – un trait de caractère reflété ici par la ligne du soleil.

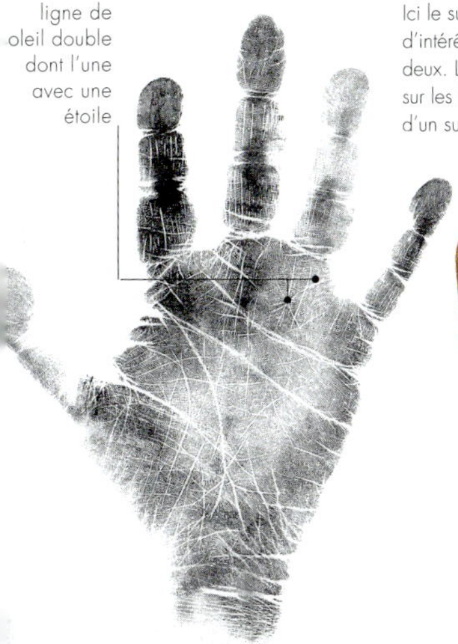

Ligne du soleil double

Ici le sujet a deux centres d'intérêt et excelle dans les deux. La présence d'une étoile sur les lignes du soleil est signe d'un succès fragile.

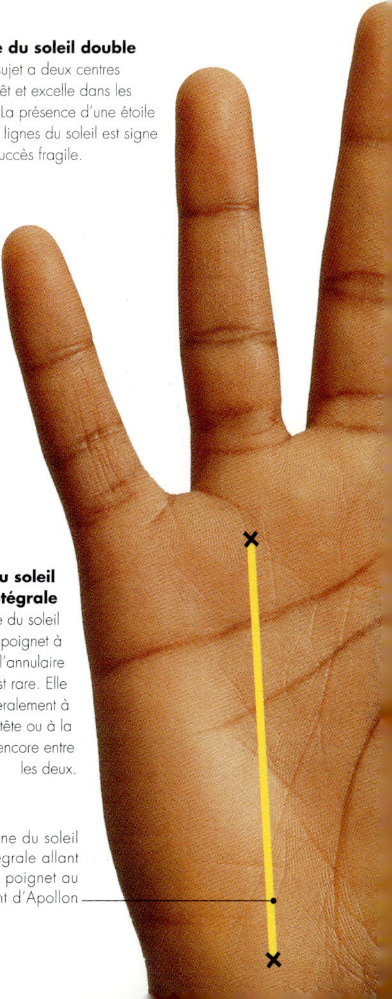

Ligne du succès

Pendant des années, on a prétendu que cette ligne conférait succès, gloire et richesse et qu'elle était un signe tangible de satisaction intérieure. Le sujet était pour ainsi dire assuré de vivre longtemps et heureux. Mais ce n'est pas le cas, la présence de cette ligne est le signe d'un travail acharné. Le sujet est un meneur qui sait gagner le respect des autres, y compris de ses adversaires.

La ligne du soleil intégrale

Une ligne du soleil intégrale va du poignet à la base de l'annulaire mais elle est rare. Elle commence généralement à la ligne de tête ou à la ligne cœur ou encore entre les deux.

La ligne du soleil

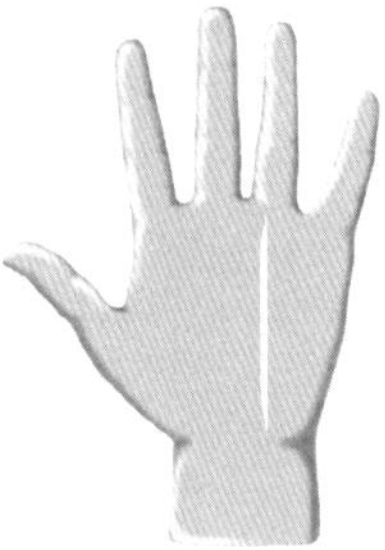

Un travailleur acharné

Le sujet avec une ligne du soleil travaille dur pour parvenir à ses fins.

Lorsque la ligne du soleil débute sur le poignet et forme une ligne rectiligne jusqu'au mont d'Apollon, le sujet a durement travaillé pour parvenir à ses fins et il tire de son travail une récompense légitime.

Lorsque la ligne du soleil commence à l'intérieur de la ligne de vie ou sur le mont de Vénus, le sujet aura toujours le soutien de sa famille. Si la ligne débute sur la ligne de vie ou à proximité de celle-ci, le sujet sera soutenu par des personnes d'influence. Une ligne partant du mont de Vénus lui confère des dons de médiateur. Le sujet est doué pour les contacts humains, il joue le rôle d'un intermédiaire ou il écoute et laisse les gens s'exprimer.

Une ligne du soleil partant du mont de la Lune permet au sujet d'accéder à une carrière publique comme artiste ou comme homme politique, des domaines soumis à l'approbation du public et où il faut faire des efforts considérables pour se maintenir au sommet.

Un début en forme de fourche indique un talent double. Si le sujet n'est pas un personnage public, il aura alors un autre centre d'intérêt.

Lorsque la ligne du soleil commence sur la ligne de tête, le sujet est très déterminé à réussir. Lorsque la ligne s'arrête à la ligne de tête, c'est l'annonce d'une catastrophe dont le sujet ne se remettra pas.

Lorsque la ligne de tête débute à la ligne de cœur, cela fournit au sujet un supplément d'énergie sentimentale nécessaire à ses efforts. Si la ligne se termine sur la ligne de cœur, le sujet peut perdre la grâce quand tout est perdu – ses biens, son prestige, son nom et son honneur, la cause en est souvent sentimentale.

Lorsque la ligne du soleil se fond avec la ligne de chance, les ambitions du sujet peuvent se réaliser mais après un long et dur labeur.

L'absence de ligne du soleil

Une main dépourvue de ligne du soleil montre une incapacité à reconnaître ou comprendre ses propres limites. Le sujet se croit immunisé contre les attaques extérieures ou il est incapable de reconnaître qu'il peut faillir. Un sujet aux talents multiples peut avoir plusieurs lignes du soleil.

Un bon caractère

Un sujet avec une ligne du soleil est généralement de bonne composition, voir pages 178 à181.

LES QUATRE ANNEAUX

Jusqu'à récemment seul l'anneau de Salomon, le petit cercle ou ligne sur le mont de l'index, était pris en compte par les chiromanciens. En Orient, cet anneau est censé conférer le sens du devoir et des responsabilités et indique un grand respect de l'ordre. Les anneaux de Saturne, d'Apollon et de Mercure sont rares, mais il faut tenir compte de leur présence car elle influence le sujet.

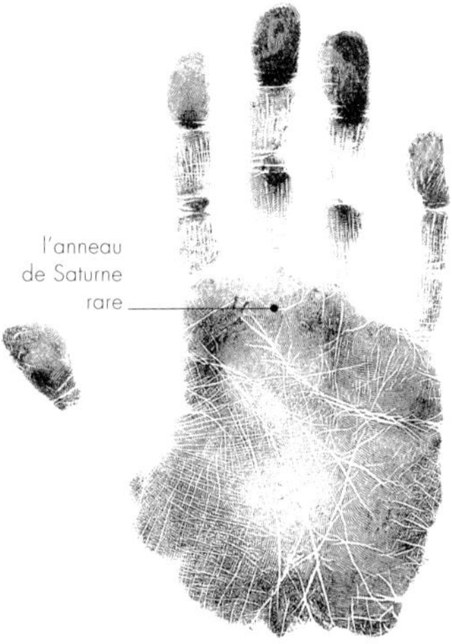

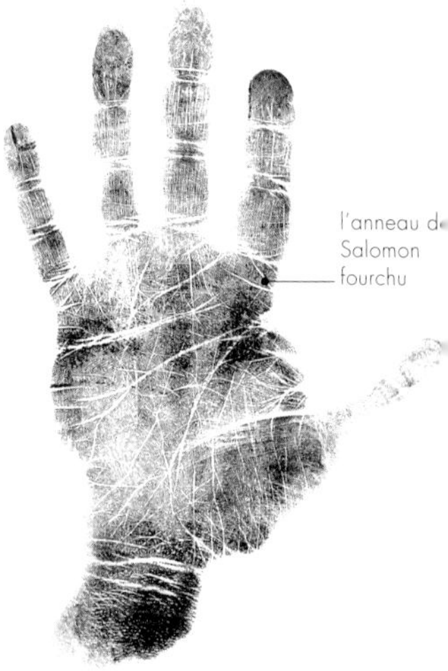

L'anneau de Saturne

Cet anneau rare perturbe l'équilibre du caractère. Le sujet n'arrive pas à réaliser ses objectifs, car il ne s'entend pas avec les autres personnes que ce soit au travail ou dans la vie privée.

L'anneau de Salomon fourchu

Lorsqu'il est formé d'une ligne fine excentrée sur la droite du mont, il indique la capacité d'enseigner. L'anneau fourchu de cette empreinte fait référence à deux domaines d'enseignement.

L'anneau de Salomon
L'anneau de Salomon traverse le mont de Jupiter, en général du côté radial de la main jusqu'en haut du motif palmaire entre l'index et le majeur. Contrairement aux autres, il n'encercle pas la base de l'index, mais il se situe plus près du sommet du mont.

L'anneau de Saturne
L'anneau de Saturne est rare. Il prend généralement la forme d'une ligne interrompue qui encercle la base du majeur en haut du mont.

L'anneau d'Apollon
L'anneau d'Apollon est une ligne qui se situe en haut du mont d'Apollon à la base de l'annulaire.

L'anneau de Mercure
L'anneau de Mercure encercle la base de l'auriculaire et est souvent de forme brisée.

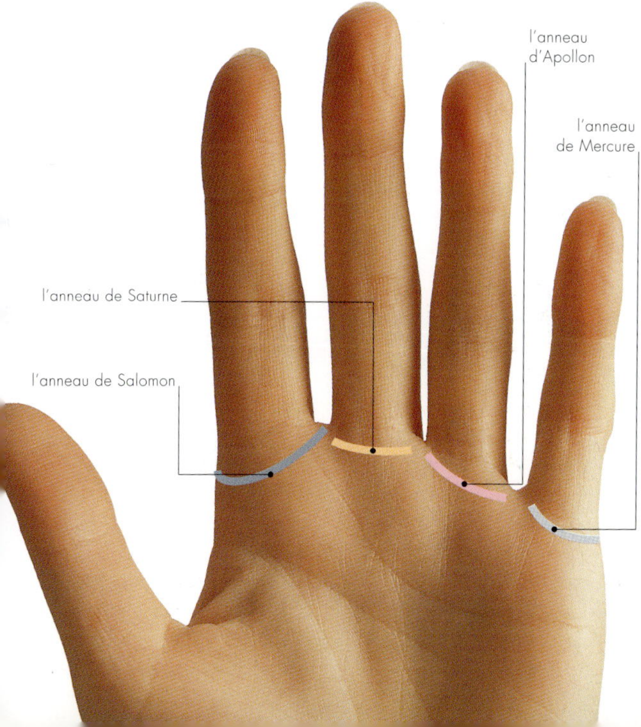

Les quatre anneaux

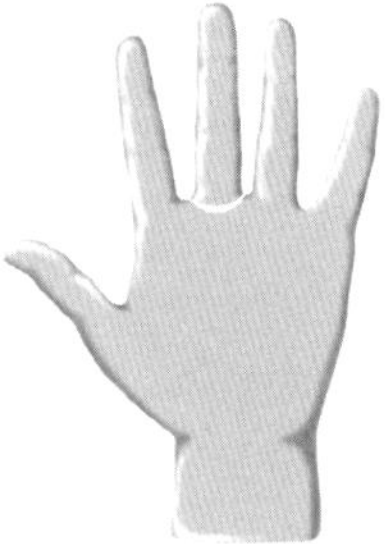

L'anneau de Saturne
Ce sujet est difficile à connaître car il est très méfiant vis à vis des autres.

L'anneau de Salomon

Ce type de sujet un excellent pédagogue car il sait transmettre son savoir. Grâce à son autorité naturelle que lui confèrent ses connaissances, il incite les autres à l'écouter. Si la ligne fait partie d'un petit carré distinct sur le mont, ses capacités d'enseignement seront amplifiées.

Un anneau bien formé est signe de position sociale établie, de prestige et de dignité. Le sujet qui en est doté s'oriente soit vers la magistrature où il parviendra éventuellement au poste de juge, soit vers la politique locale où il pourra faire carrière.

Le sujet a une bonne compréhension de la nature humaine et de l'empathie naturelle pour certaines personnes. Les psychologues à succès sont souvent dotés de cette ligne et si la ligne de cœur commence sur l'anneau de Salomon, le sujet fera carrière.

Une ligne fragmentée traversant le mont est le signe d'une approche physique et instinctive. Le sujet est de nature profondément sensuelle et aime la bonne chair.

L'anneau de Saturne

C'est une marque très rare qui ne présage rien de bon. Elle indique un manque de spontanéité et des difficultés à tisser des liens sociaux. Le sujet est une sorte de loup solitaire.

L'anneau d'Apollon

Il est également rare. Un anneau bien formé et intacte correspond à un sujet reconnu pour ses talents créatifs et artistiques tout particulièrement dans le monde du divertissement. Cet anneau appartient à une personne exceptionnelle qui se distingue nettement de ses contemporains. Toutefois, si elle tombe en disgrâce elle risque de tout perdre et de se retrouver isolée de tous. Un anneau d'Apollon fragmenté et mal dessiné dénote un manque de goût et de discernement quand il s'agit de faire bonne impression devant les autres.

L'anneau de Mercure

Cette marque extrêmement rare est traditionnellement celle des célibataires endurcis qui n'éprouvent aucun besoin de se marier ni de vivre avec une personne du sexe opposé sans être pour autant un signe d'homosexualité.

Dans la main d'un homme d'affaires, il atteste son sens des affaires et son manque de respect des autres.

Transactions douteuses

Un anneau de Mercure fragmenté indique que le sujet se lance dans des affaires douteuses, notamment financières.

AMOUR, VOYAGE, FRUSTRATION

L'amour et le mariage se lisent dans les lignes de la partie extérieure de la main, au-dessus de l'extrémité de la ligne de cœur juste au-dessous du doigt de Mercure. La taille de la main et le mont de la Lune permettent de reconnaître si le sujet a la passion des voyages, particulièrement si une ligne horizontale traverse le bord extérieur de la main. De petites lignes horizontales sur les phalanges des doigts sont signes d'irritabilité et de frustration.

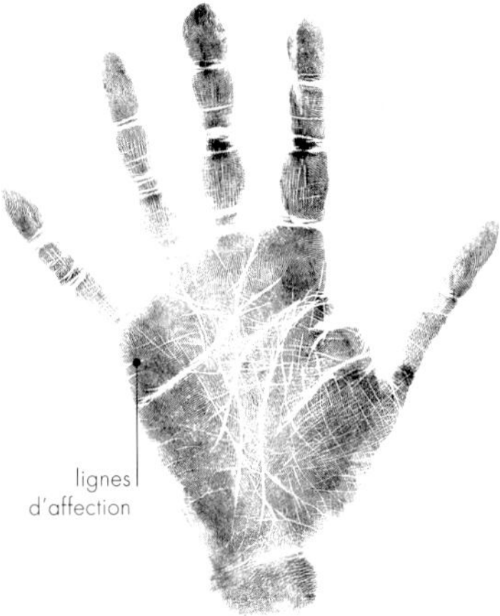

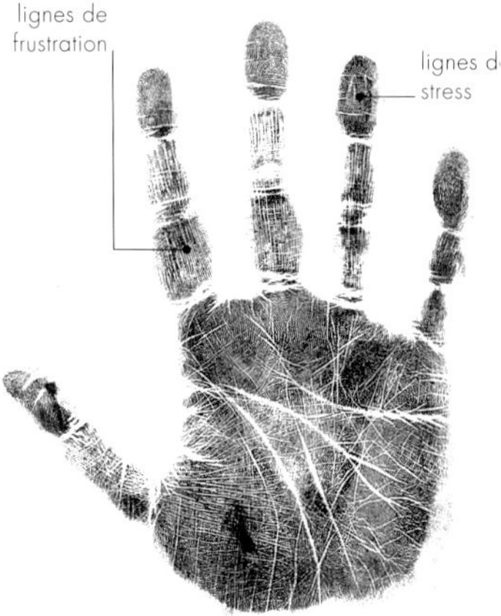

Les lignes d'affection

Les lignes horizontales partant du mont de Mercure étaient associées au mariage et les lignes verticales qui en partent, aux enfants. Aujourd'hui les lignes horizontales sont associées aux relations sentimentales et les lignes verticales aux amis proches jouant un rôle dans la relation.

Stress, tension et frustration

La tension et la fatigue sont visibles lorsque les phalanges supérieures des doigts sont barrées de lignes horizontales blanches. Elles apparaissent souvent après une longue journée ou une période de concentration. Des lignes verticales sur les phalanges inférieures sont signes de frustration.

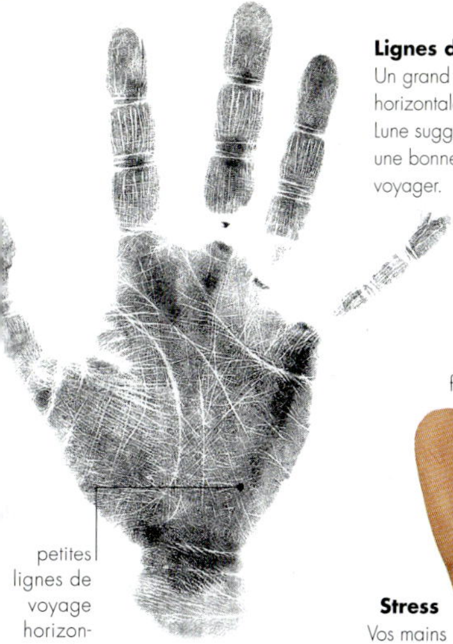

Lignes du voyage

Un grand nombre de petites lignes horizontales traversant le mont de la Lune suggère que le sujet passera une bonne partie de sa vie à voyager.

Stress

Vos mains révèlent votre niveau de stress et vos dispositions pour les relations amoureuses et les voyages.

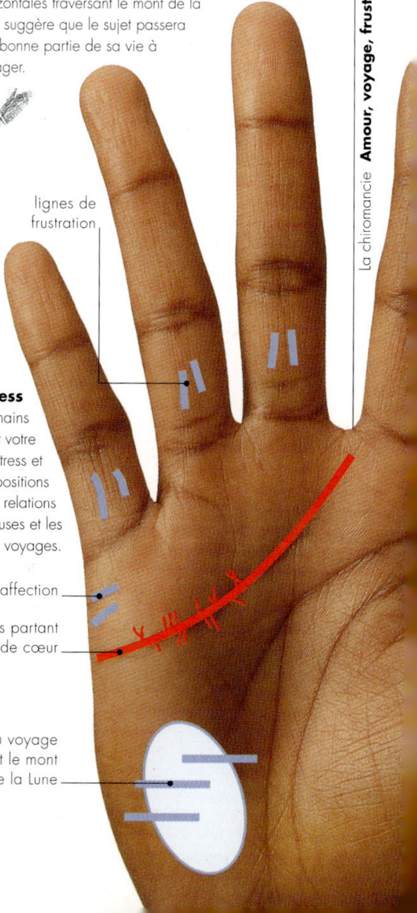

Lignes du voyage

Une ligne du voyage qui bifurque vers le poignet annonce traditionnellement un danger ou un échec au cours du voyage qui peut à son tour avoir des conséquences négatives. Mais si la ligne du voyage bifurque vers le haut de la main, c'est le signe d'un dénouement heureux. Le sujet ressortira enrichi au niveau matériel et spirituel.

Les lignes d'affection, de frustration et du voyage

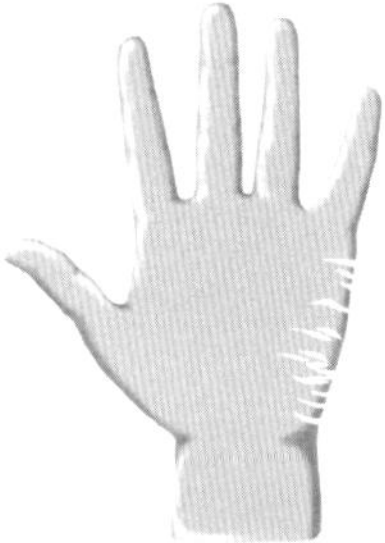

la passion du voyage
La présence de lignes horizontales sur le bord extérieur de la main indique une soif de voyages.

Les lignes d'affection

Plus ces lignes sont foncées plus la relation est intense. La première petite barre au bord de la main au-dessus de la ligne de cœur ne fait parfois qu'un centimètre de long avant de se confondre avec elle. C'est la marque du premier amour qui reste souvent l'aventure la plus mémorable dont on se souvient avec tendresse.

La ligne qui relie le mont de la Lune avec la ligne de chance est signe d'une nouvelle relation équilibrée qui n'est pas forcément un mariage mais qui peut être une amitié cordiale.

Les lignes de voyage

Plus la main est large et grande moins le sujet est attiré par la routine ce qui est souvent confirmé par un mont de la Lune charnu. Lorsqu'il est grand, ferme et bombé, le sujet a besoin de bouger et de voyager même si ce n'est que dans la région. Il vit sa vie en courant.

Une ligne grasse et profondément gravée partant du bord extérieur de la main est signe d'un voyage à l'étranger pouvant se prolonger. Si la ligne est claire ou est accompagnée d'autres lignes secondaires, le sujet fera de nombreux séjours à l'étranger. De petites lignes courtes peuvent aussi indiquer un voyage plus bref.

Si une ligne de voyage croise la ligne de vie, cela peut annoncer un danger lié à l'eau. Toutefois, lorsque cette interprétation a été faite pour la première fois, les voyages se faisaient souvent par voie d'eau, les avions n'ayant pas encore été inventés. De nos jours, je pense qu'il s'agit du danger sur l'eau et dans les airs.

Les lignes d'irritation et de frustration

Leur présence sur tous les doigts indique que le sujet ne sait pas du tout faire face au stress. Si, de plus, des lignes verticales sont visibles sur toute la longueur des doigts, le sujet est très stressé. Si les phalanges sont boudinées, le problème sera encore plus important et vous devez alors vérifier la ligne de tête. Si elle est irrégulière, le sujet peut aussi souffrir de stress mental.

Les tâches blanches

La présence de tâches blanches sur les ongles est un autre signe de tension, qui peut être d'origine nerveuse. La disparition des tâches indique que la tension a diminué et avec elle l'irritabilité du sujet.

FAMILLE, LOYAUTÉ, BRACELETS

L'anneau de la famille relie la phalange et la phalangine du pouce et est le seul « anneau » qui n'ait pas d'effet tranchant. Il est presque toujours d'aspect fragmenté ou en forme de chaîne. La ligne de la loyauté est constituée soit d'une ligne fine soit d'une série de lignes qui traversent la partie supérieure du mont de Vénus ou de l'ancien mont de Mars positif. Les bracelets, sont des lignes qui traversent le poignet au niveau de la paume. Il y en a généralement une à trois, mais parfois elles sont plus nombreuses.

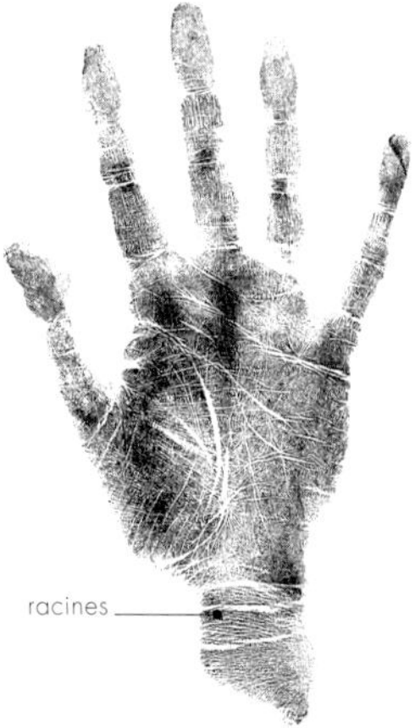

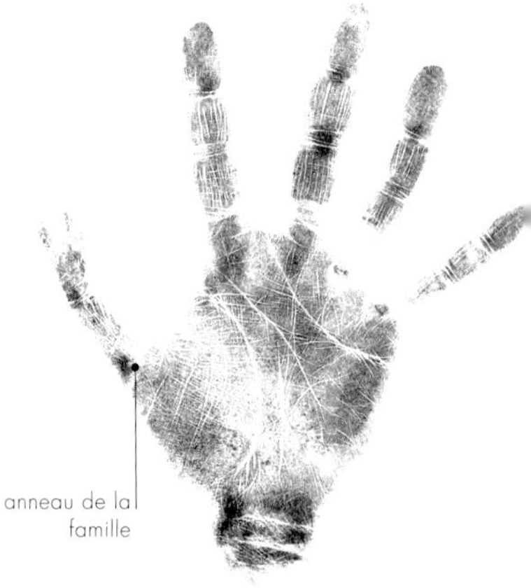

Les bracelets

Les bracelets ne sont souvent pas pris en compte par les étudiants et les professionnels. Les lignes du voyage atteignant l'anneau supérieur ont longtemps été interprétées comme le présage d'un voyage agité.

L'anneau de la famille

Un anneau de la famille bien dessiné exprime la solidarité familiale. S'il porte de nombreuses chaînes, les relations familiales sont agitées. C'est un signe courant.

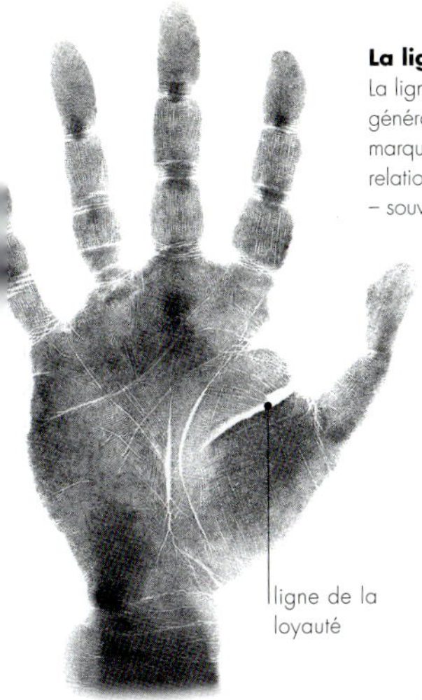

La ligne de la loyauté

La ligne de la loyauté est généralement profondément marquée et fait référence à des relations étroites au sein de la famille – souvent entre frère et sœur.

Affaires de famille

Une ligne de la loyauté bien formée partant de l'anneau de la loyauté et s'arrêtant avant la ligne de vie montre que les problèmes familiaux sont réglés dans l'intimité pour donner une image extérieure de solidarité.

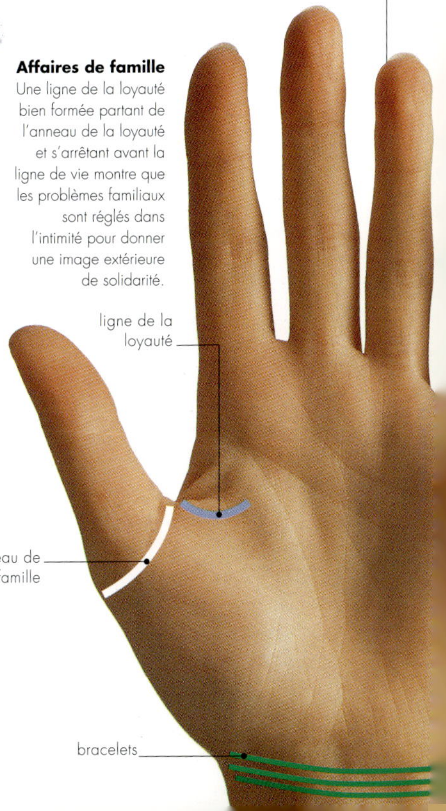

Bracelets et voyage

En Orient, une ligne d'influence allant d'un des bracelets jusqu'au mont de la Lune montre l'amour des voyages. La présence de plusieurs de ces lignes est un signe tangible de l'attirance pour les voyages uniquement si l'une de ces lignes commence à partir du bracelet inférieur. Un carré touchant une des lignes d'influence est signe de protection pendant le voyage ; une étoile en fin de ligne symbolise un voyage réussi.

Anneau de la famille, ligne de la loyauté

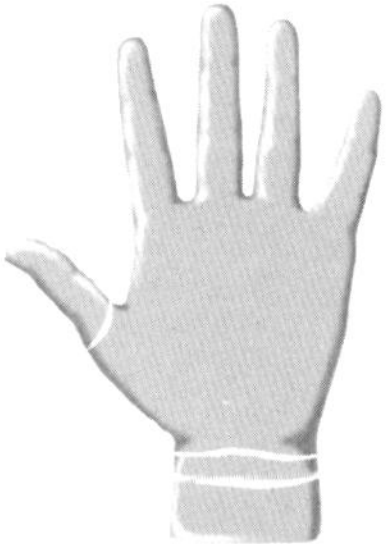

Relations étroites

Les bracelets et l'anneau de la famille informent sur la longévité et les liens familiaux.

L'anneau de la famille

Chez certains, cet anneau est profondément marqué ; chez d'autres, il est presque invisible. Un anneau bien marqué indique des liens familiaux étroits tandis qu'une ligne inexistante montre que le sujet n'est pas très attaché aux membres de sa famille.

Un anneau plus marqué en haut de l'intérieur du pouce et plus faible vers le bas décrit la disparition progressive de ces liens au fil des années.

La ligne de la loyauté

Lorsqu'elle va de l'anneau de la famille jusqu'à la ligne de vie, c'est le signe d'un sens de la loyauté très développé et de l'attachement à un membre de la famille quel qu'il soit.

Plus l'origine de cette ligne est proche de l'anneau de la famille plus ce trait sera amplifié. Si plusieurs lignes débutent directement sur l'anneau, seul un nombre très resteint de personnes sera admis au sein de la famille. Le sujet est très attaché à la bonne réputation de sa famille. Si toutes les lignes restent à l'intérieur de la ligne de vie, tous les problèmes seront résolus au sein de la famille.

Les bracelets

Ils sont traditionnellement associés à la longévité par la chiromancie orientale mais en Occident, cette thèse n'a pas été confirmée, même si certains nonagénaires ont parfois trois ou quatre bracelets très nettement gravés et que dans certains cas, la ligne de vie

dépasse le premier bracelet.
Lorsque le premier bracelet d'une femme est voûté en direction de la base de sa paume, c'est un signe de problèmes génito-urinaires accompagnés de troubles menstruels. Il faut contrôler les mains des jeunes filles car leur dépistage permet d'anticiper ces troubles pendant l'adolescence. Quand la deuxième ligne est voûtée, ces problèmes sont accentués.

Ce bracelet en forme de voûte apparaît aussi chez certains hommes et suggère des problèmes de prostate ou similaires. Les bracelets sont traditionnellement associés aux voyages ou au désir de voyager. Des bracelets bien formés traversant le poignet sans interruption suggèrent que le sujet ne souffre pas du mal des transports.

Fortune et succès

Dans la tradition chiromancienne orientale, un nombre de bracelets supérieur à trois promet succès, fortune et longue vie.

LA LIGNE D'INTUITION

Un sujet doté d'une prescience naturelle et d'un sixième sens a en général un mont de Neptune très développé. En général, ce don se manifeste par le fait que le sujet « sait » que quelque chose va se produire ou qu'il est au courant d'un événement ayant lieu à des kilomètres. La ligne d'intuition vous donne la possibilité d'avoir une approche plus pratique de ce don de double vue.

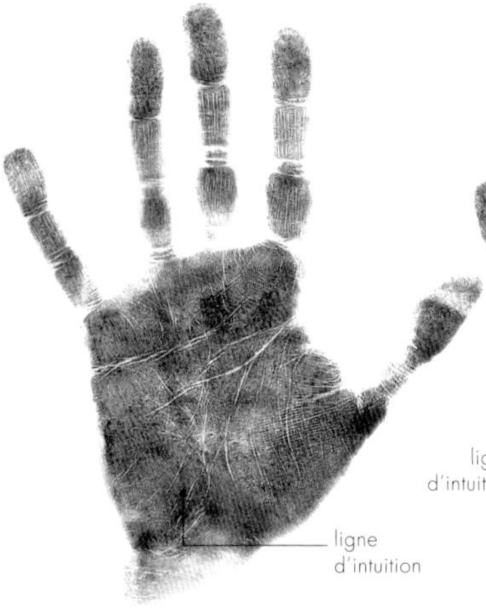

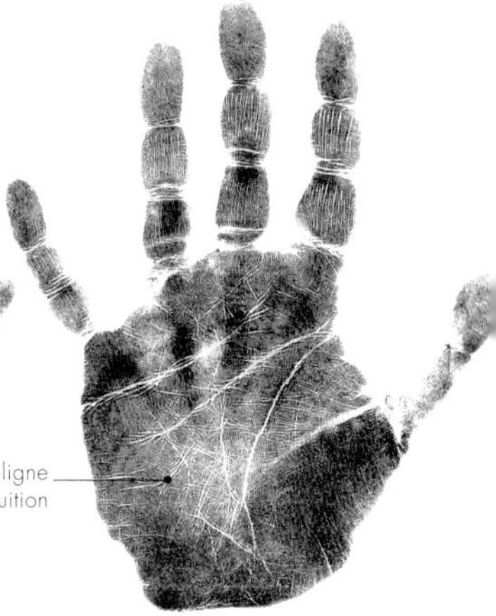

Ligne basse
Cette ligne d'intuition placée bas suggère que le sujet met sa prescience naturelle en application et qu'il est capable de connaître la réponse à une question avant qu'elle ne lui ait été posée.

Perspicace
Ce sujet à main active fait bon usage de sa ligne d'intuition, semblant toujours « savoir » quelle est la meilleure chose à faire ou à dire.

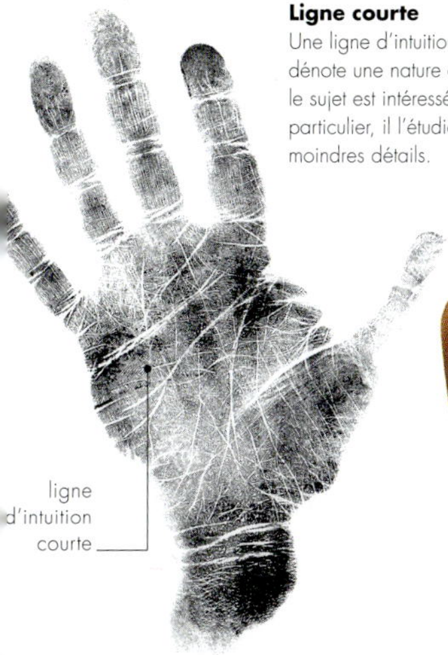

Ligne courte

Une ligne d'intuition ébauchée dénote une nature curieuse. Lorsque le sujet est intéressé par un thème particulier, il l'étudie dans les moindres détails.

Humain

Une petite ligne coupe parfois la ligne de tête et forme un petit triangle. Le sujet est chaleureux et aimant, dévoué, toujours prêt à aider les personnes dans le besoin et à remplir des tâches humanitaires. Si la ligne de tête est fourchue et si la ligne d'intuition croise ces deux lignes, le sujet est très émotif. Il peut prodiguer des soins à domicile ou travailler dans un autre domaine médical.

Ligne intégrale

Une ligne d'intuition intégrale est rare, elle caractérise un sujet ayant une prescience naturelle. Elle se trouve parfois sur les mains des médiums ou celles des devins.

La ligne d'intuition

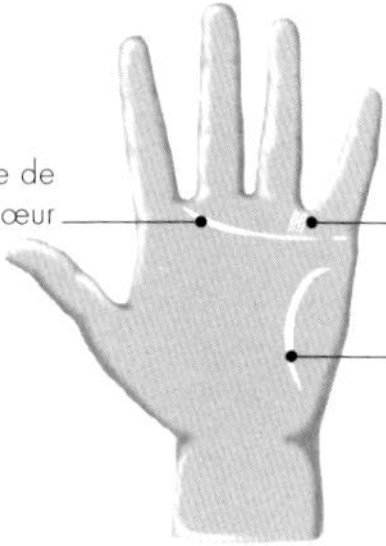

Pouvoir curatif

La ligne d'intuition et les stigmates de la médecine indiquent des dons curatifs.

La ligne d'intuition est une ligne fine et fragmentée qui débute sur le mont de la Lune sur le bord de la main et qui remonte vers le mont de Mercure en se courbant légèrement.

Cette ligne est rarement continue car elle est formée soit d'une série de petites lignes d'influence soit de chaînes ou d'îles. Quand cette ligne est continue, le sujet a l'esprit d'investigation et la patience nécessaire à l'étude de piles de documents pour rechercher une information précise. Il a souvent un bon niveau d'études et s'exprime avec aisance. Le sujet « absorbe » plutôt qu'il n'apprend et sait certaines choses sans même en avoir conscience. Cela amène parfois le sujet à se tourner vers l'étude des sciences occultes pour développer ses dons.

Après une formation adéquate le sujet peut devenir entre autres astrologue, chiromancien ou tireur de cartes. Les médiums ont souvent cette marque sur leur main gauche. Elle montre que le sujet a hérité de ces dons et qu'il maîtrise instinctivement les arts divinatoires. Un triangle formé par la ligne d'intuition, la ligne de chance et la ligne de tête est le signe traditionnel des prophètes. L'hypnose est également un domaine dans lequel le sujet peut exercer ses talents.

Plus la ligne a de défauts, plus ces pouvoirs sont faibles et se résument à de brèves illuminations. Si l'ensemble de la ligne ou du moins une bonne partie de celle-ci est présente, le sujet a un don pour apprivoiser les animaux et les faire obéir. Lorsque la ligne est présente sur les deux mains, le sujet est attiré par les sciences occultes et fait souvent un excellent médium, après avoir suivi une formation adaptée, cela va de soi. Si les stigmates de la médecine sont aussi présents, le sujet peut aussi posséder le don de guérir les personnes grâce, notamment, à sa grande perspicacité. Si la ligne d'intuition est accompagnée de la courbe de la créativité et d'une ligne de tête inclinée, le sujet peut même être un devin particulièrement doué.

Les stigmates de la médecine

Les stigmates de la médecine sont une série de trois ou quatre petites lignes verticales à l'intérieur du mont de Mercure au-dessus de la ligne de cœur. Ils indiquent l'intérêt du sujet pour les questions médicales, la médecine parallèle et la guérison au sens large.

Ils peuvent aussi indiquer une légère hypocondrie qui peut être due au stress ou à la tension. Le sujet ne déroge jamais à sa routine journalière. Il prend grand soin de sa santé et de son alimentation.

Des lignes très marquées et rapprochées indiquent des problèmes dentaires.

LA PRATIQUE

Les principes de base de la lecture de la main vous ayant été expliqués, vous êtes maintenant prêt à appliquer ce que vous avez appris. Vous avez tous les éléments nécessaires pour la pratique de la chiromancie et vous devez vous exercer car cette étude se fonde sur un savoir-faire entretenu régulièrement. N'ayez pas peur de faire des erreurs – nous en faisons tous, quel que soit le métier que nous excerçons, alors pourquoi vous inquiéter ? N'essayez pas de trouver une marque en particulier mais concentrez-vous plutôt sur les qualités qu'elle confère. D'autres marques qui vous ont échappé dans un premier temps, peuvent aussi être présentes sur la main et ne pas concorder avec ce que vous dites. Les gens sont presque toujours prêts à vous montrer leurs mains, car c'est une étude fascinante et surtout, elle concerne toujours leur sujet préféré – eux-mêmes.

rouleau à pâtisserie
encre
rouleau à encre
papier
loupe
empreinte

Avant de commencer

Une étude détaillée
Une loupe puissante est essentielle pour scruter les lignes en détail.

En Orient, la lecture des mains est souvent précédée d'un rituel. La consultation a souvent lieu à l'aube car c'est le moment où les dons du chiromancien sont les plus puissants, l'esprit étant libre de se concentrer.

Rares sont les chiromanciens qui disposent d'une loupe mais les deux mains doivent impérativement être lavées, séchées, parfumées puis placées sur un coussin avant la lecture. Ces chiromanciens utilisent aussi une forme d'astrologie pour dater des événements passés et futurs. Peu de chiromanciens occidentaux travaillent ainsi et beaucoup désapprouvent l'emploi d'autres disciplines.

En Occident, la lecture de la main n'implique pas l'astrologie. Vous ne devez donner ni votre date de naissance ni votre nom. Lorsque la lecture de la main se fait à partir d'empreintes, la seule chose dont un bon chiromancien ait besoin, c'est de connaître l'âge et le sexe du client. Si vous lui fournissez d'autres informations, le chiromancien pourra consulter des livres d'astrologie ou de numérologie, ce qui cesse d'être de la chiromancie.

La durée de la consultation n'a pas d'importance. Assurez-vous que le sujet est bien assis et que ses deux mains sont placées à la lumière. Vous devez impérativement être équipé d'une série d'empreintes de bonne qualité et dans les cas particuliers des empreintes des séances précédentes.

Il vous faut une loupe puissante, un petit rouleau, un crayon et un compas Certaines personnes souhaitent enregistrer l'entretien, prévoyez donc un magnétophone.

L'archivage

De nombreuses personnes consultent régulièrement, pensez donc à prendre des notes à chaque consultation. Une séance brève est souvent consacrée à un problème actuel pour lequel le client vient chercher conseil. Une lecture complète faisant éventuellement l'objet d'un rapport écrit ou d'un enregistrement peut prendre plusieurs séances – dans ce cas un magnétophone peut s'avérer utile, conservez ces traces religieusement.

Il vous faut un bon système d'archivage car, au cours du temps, le moindre changement même minime sera visible. Une boîte-archives avec des compartiments de 7,5cm sur 12,5cm est idéale. Vous devez répertorier tous les changements ainsi que toutes les particularités de votre client.

Les fabrication d'empreintes

Pour plus d'informations concernant la fabrication d'empreintes et leur lecture, voir pages 46–49.

Observation
Les doigts et les ongles doivent être minutieusement étudiés avant la lecture de la main.

LES EXERCICES DE LA MAIN

Nous partons du principe que vous disposez de tout l'équipement nécessaire et que votre client a déjà pénétré la pièce. Vous devez étudier certains détails importants avant d'examiner ses mains. Pensez à prendre des notes avant l'entretien pour dissiper certains problèmes avant de vous consacrer à d'autres aspects.

La flexibilité
Notez la façon dont votre client tient sa main lorsqu'elle est au repos.

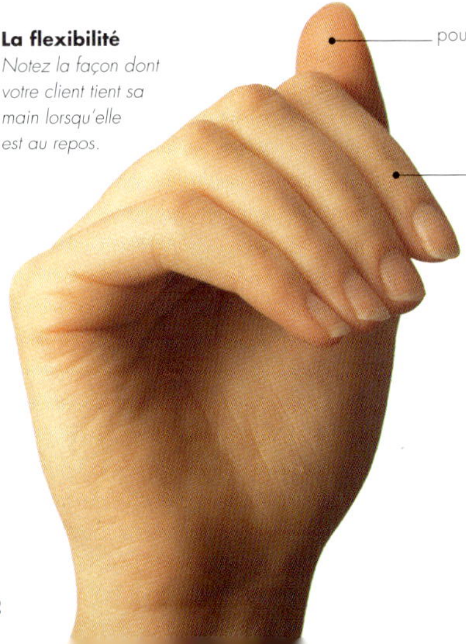

Mouvements naturels

Demandez à votre client de poser ses mains à plat sur la table ou le bureau et notez la position des doigts. Faites ensuite le même exercice avec la paume vers le haut.

Pendant ces exercices, notez la façon dont chaque main s'ouvre, car lorsque votre client vous présentera ses mains pour la lecture, il se peut qu'il vous les présente différemment.

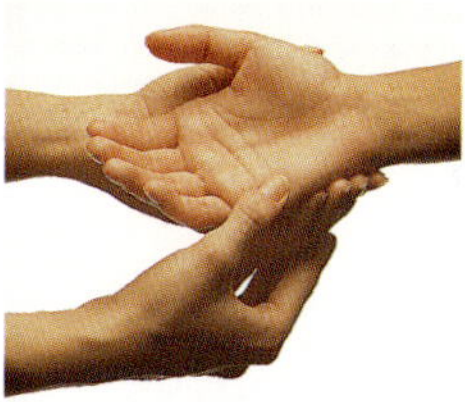

1 *Vous devez maintenant palper les mains pour déterminer si elles sont fermes ou douces. Des mains fermes sont signes d'énergie et d'activité contrairement aux mains douces. Vérifiez si tous les monts sont charnus ou osseux, épais ou fins. Tâtez la souris sur le dos de la main pour connaître l'état de santé de votre client.*

2 *Testez la souplesse de chacun des doigts – phalange après phalange, puis les articulations, y compris sur le pouce. Examinez attentivement les ongles. Leur couleur vous informera sur l'état de santé de votre client. Vérifiez si les bouts des doigt ne portent pas de lignes blanches signes de stress et de tension. Notez la texture de la main – si elles sont chaudes, froides ou sèches tout en tenant compte de la température de la pièce.*

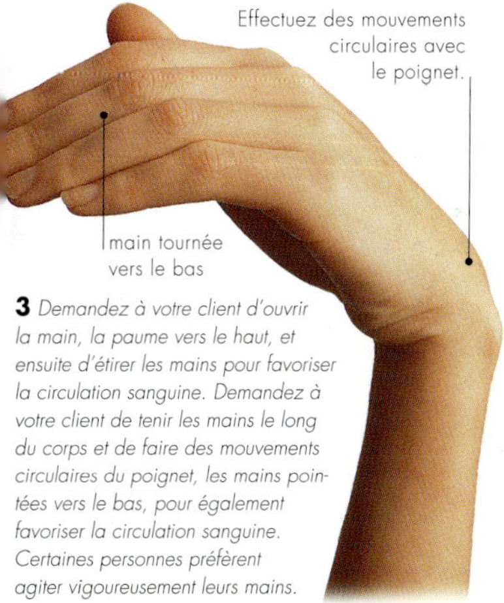

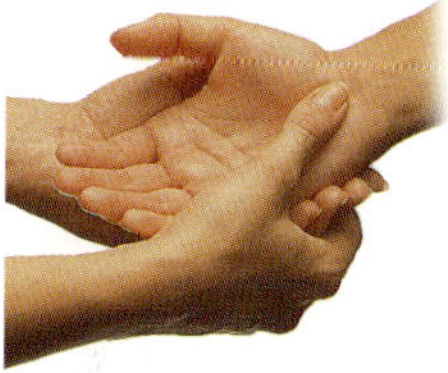

3 *Demandez à votre client d'ouvrir la main, la paume vers le haut, et ensuite d'étirer les mains pour favoriser la circulation sanguine. Demandez à votre client de tenir les mains le long du corps et de faire des mouvements circulaires du poignet, les mains pointées vers le bas, pour également favoriser la circulation sanguine. Certaines personnes préfèrent agiter vigoureusement leurs mains.*

4 *Maintenez une main par le poignet, la paume tournée vers vous. Pressez fermement la paume pendant quelques secondes puis faites de même avec la deuxième main. Cet exercice fait légèrement gonfler les lignes de la main pendant quelques instants et vous permet de les évaluer.*

L'analyse de la main

Le contour
Dessinez le contour de la main pour en évaluer la taille et la forme.

Lorsque le client s'assoit devant vous pour votre première évaluation, vous avez déjà rassemblé un certain nombre d'informations d'après ses mains.

Vous en avez testé la souplesse, évalué l'état de santé et déterminé la taille (en fonction de la carrure) et noté si le client est droitier ou gaucher.

A la façon dont les mains et les doigts vous sont présentés, vous avez découvert certains traits de caractère : si le client est avare ou généreux, ouvert et aimable ou inquiet et suspicieux. La taille de la main vous indique comment communiquer ces informations au client : de manière très détaillée aux sujets à grandes mains ou aux doigts plus longs que la paume ; les sujets à petites mains aux doigts plus courts que la paume se contenteront d'un résumé.

Le dialogue

La première chose à faire est de déterminer le type de main : carrée ou ronde. Il peut y avoir un trait supplémentaire à cette forme de base et vous devez adapter votre évaluation en conséquence.

Cette première analyse terminée, n'hésitez pas à interroger votre client afin de clarifier certains détails. Incitez le à poser des questions et entamez le plus tôt possible un dialogue avec lui.

En discutant vous aurez pu observer les lignes et déterminer s'il s'agit de mains pleines, vides ou intermédaires. Un nombre important de lignes s'entrecroisant sur l'ensemble de la main vous appelle à modérer vos propos, sinon l'imagination du client va se déchaîner pendant l'entretien.

Une main vide n'est pas facile à gérer non plus. Le client risque de vous répondre par monosyllabes difficiles à interpréter. La main intermédiaire est plus facile à gérer jusqu'à ce que vous abordiez un sujet sensible, le client deviendra silencieux. Avec l'expérience vous apprendrez à gérer ces situations et à aider au mieux vos clients

La dernière étape consiste à examiner les empreintes digitales et palmaires du client pour déterminer le rôle qu'elles jouent dans le caractère de la personne en face de vous. A chaque lecture de la main, vous allez vous sentir plus sûr de vous et serez mieux à même d'aider les personnes venues vous consulter.

Soyez patient et attentif

Vous devez apprendre à être patient dans l'exercice de vos nouveaux talents. Cherchez à découvrir ce que votre client essaie de vous communiquer. Vous apprendrez beaucoup sur les gens mais également sur vous-même.

Des sauts et des bonds

Une paume ferme est un signe de bonne santé

LA SANTÉ ET LES MAINS

Testez la fermeté et l'élasticité, tout particulièrement celles du centre de la paume. Quand celui-ci est ferme, la personne est en bonne santé, mais s'il est mou sur la main droite et ferme sur la main gauche, une maladie menace le sujet dont l'espérance de vie est limitée. Si la ligne de vie effectue une grande courbe sur la paume, le sujet surmonte facilement la maladie et il est de bonne constitution.

La souris

Demandez au sujet de fermer sa main pour pouvoir vérifier la souris qui est le petit mont situé sur le dos de la main.

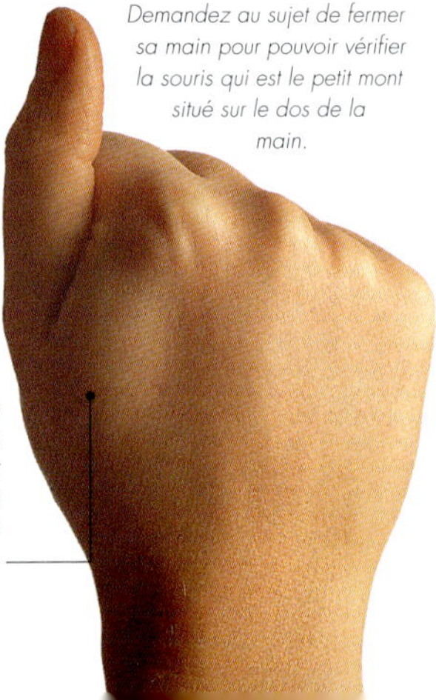

Une souris ferme est signe de bonne santé.

Extroversion/Introversion

L'espace entre les lignes de cœur et de tête, le « Grand quadrilatère » sert à évaluer à quel type le sujet appartient : extraverti, enjoué ou introverti, renfermé et calme.

Lorsque l'espace est large, le sujet est plus actif physiquement, sociable et pondéré. Plus l'espace est important plus c'est le cas. Quand l'espace est étroit, le sujet est passif et beaucoup moins sociable.

Lorsque les personnes extraverties sont malades, elles sont énervées, irritables et expriment physiquement leur insatisfaction, tandis que les personnes introverties ont l'air plus malades qu'elles ne le sont effectivement et apprécient même le fait d'être malades car c'est l'occasion pour elles de susciter la sympathie des autres.

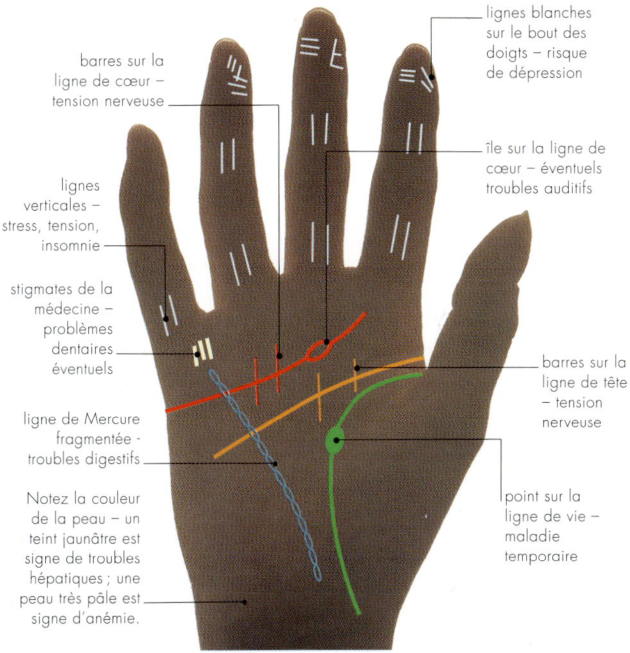

Les signes particuliers et votre santé

Une île sur la ligne de vie est signe de mauvaise santé ; sur la ligne de cœur de problèmes auditifs ou cardiaques.

La nécessité d'une opération peut se manifester par un petit triangle, une croix ou un carré sur le

dernier tiers de la ligne de vie.
Cela ne signifie pas que le sujet sera opéré mais qu'une opération sera peut-être nécessaire.

Une chaîne sur la ligne de cœur indique des troubles vasculaires, sur la ligne de vie, une mauvaise santé.

La santé et la vitalité

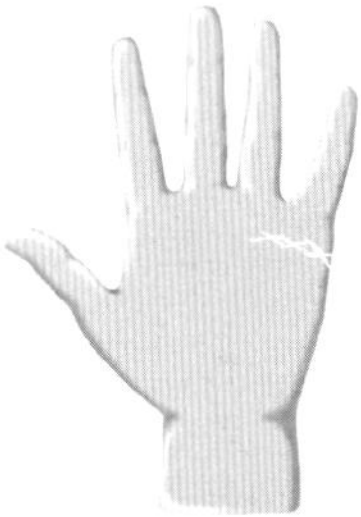

Anxieux
Une ligne fine ou fragmentée est signe d'hypersensibilité.

Si le mont de Vénus est doux au toucher et si la ligne de vie semble encercler sa base comme pour en freiner le développement, le sujet a des difficultés de récupération. Une main douce est signe d'indolence et de paresse, le sujet saisira chaque occasion de ne pas travailler.

La présence de trois ou quatre petites lignes verticales entre le milieu de la base du majeur et de l'annulaire juste au-dessus de la ligne de cœur peut indiquer une prédisposition aux problèmes dentaires.

Le stress et la tension

Lorsque les deux phalanges supérieures des doigts sont striées de lignes verticales, le sujet peut souffrir de troubles du sommeil. Si la main est pleine, le sujet peut avoir du mal à se détendre. Ces lignes se trouvent aussi sur les mains des personnes qui font les trois-huit.

La cause d'une dépression peut se situer à différents endroits sur la paume. Une main pleine en est est souvent le signe, car l'esprit est toujours en éveil et l'imagination du sujet débordante. Des lignes blanches sur le bout des doigts peuvent être un autre signe. Des lignes verticales peuvent refléter une période temporaire de déséquilibre hormonal, tandis que des lignes horizontales sont le résultat d'excès de toutes sortes – le sujet vit sur ses réserves nerveuses.

Le système digestif

Lorsque la ligne de Mercure est fragmentée ou marquée de chaînes ou d'îles, le sujet souffre de troubles digestifs. De petites lignes d'influence qui vont de la zone de Mars jusqu'à la base de l'annulaire indiquent des troubles internes liés au système digestif.

Si la phalange de l'index est très douce, le sujet doit faire attention à son alimentation et si la ligne d'allergie est présente à la base de la main, ce trait sera amplifié.

Les troubles auditifs

Les troubles auditifs se manifestent par un île distincte sur la ligne de cœur, sous l'index. Pour en évaluer le degré, contrôlez la souplesse du bout de auriculaire. Une extrémité raide suggère la nécessité d'un contrôle, tandis qu'une extrémité souple indique un trouble passagé, il vaut toujours mieux que le sujet subisse un examen auditif.

Avertissement

A moins que vous n'ayez une formation médicale vous ne devez pas vous exprimer comme si c'était le cas. Des dommages non déclarés peuvent venir d'une parole inappropriée. Si vous soupçonnez certains problèmes, vous devriez recommander avec tact à votre client de consulter un médecin.

Garder la forme

Les doigts peuvent fournir une foule d'informations sur l'état de santé d'une personne et sur son style de vie.

ONGLES ET SANTÉ

En général, la première chose que l'on remarque sur une main, c'est l'état des ongles. Ils peuvent être soignés et en bonne santé ou ne pas l'être. Les ongles de certaines femmes et parfois de certains hommes sont vernis ce qui empêche d'évaluer leur état de santé. Une analyse des ongles peut attester un manque de minéraux, une tension nerveuse ou des problèmes vasculaires.

Ongle concave

Des ongles concaves indiquent souvent des troubles glandulaires, dus à une mauvaise circulation ou à des carences alimentaires.

Ongle convexe

Les ongles convexes dits aussi ongles hippocratiques, sont le symptôme de troubles respiratoires et de poitrine comme ceux causés par le tabagisme.

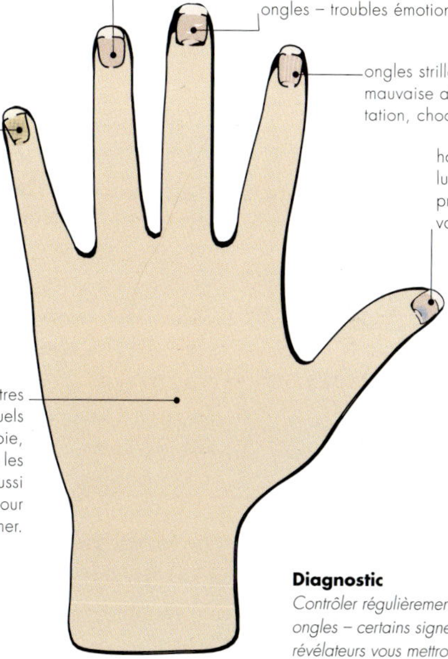

Diagnostic

Contrôler régulièrement vos ongles – certains signes révélateurs vous mettrons en garde.

La forme des ongles et la santé

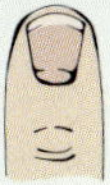

Un ongle en forme de coquillage est signe de mauvaise santé et d'hypersensibilité.

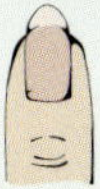

Un ongle en forme de griffe indique un régime alimentaire insuffisant.

Un ongle carré indique une tendance au refoulement.

L'analyse des ongles

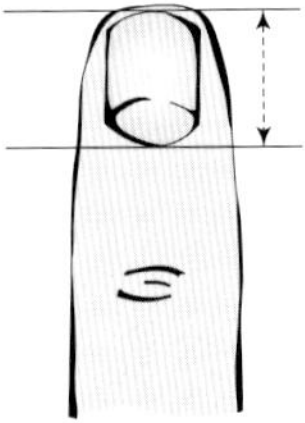

La croissance de l'ongle
Un ongle met six mois à pousser de sa racine à son extrémité, les marques sont donc faciles à dater.

Les ongles sont constitués d'une protéine appelée kératine. Ils mettent près de six mois à pousser de leur racine à leur extrémité ce qui permet de dater facilement certaines marques comme des tâches blanches, des barres ou d'autres défauts. Les stries horizontales ou verticales qui apparaissent subitement à cause d'une maladie comme le stress ou la tension ne sont pas concernées pas ce système de datation. Elles sont un signe de faiblesse due à un dérèglement glandulaire, organique ou endocrinien qui fatigue le sujet et le rend irritable.

Lorsque des ongles rongés sont mouchetés de petites tâches blanches, certains troubles émotionnels ou psychologiques inquiètent le sujet et affectent sa santé. De petites stries horizontales ou longitudinales peuvent être dues à un accident récent, à un choc émotionel ou simplement à une alimentation insuffisante. Chaque ongle devrait avoir un motif en forme de lune sur sa base, si ce n'est pas le cas, un problème temporaire affecte sa santé.

La forme des ongles

Des ongles courts indiquent toujours une nature inquiète ; des ongles larges et carrés, un sujet qui a tendance à refouler et à trop maîtriser ses émotions.

Le sujet à ongles étroits et délicats se fatigue facilement. Si le haut de la lunule est légèrement bleuté, le sujet peut souffrir de troubles vasculaires. Des ongles en forme de coquillage sont signe d'une santé altérée par un choc, tandis que des ongles en forme de griffe celui d'un sujet qui ne prend pas soin de son alimentation ce qui nuit à sa santé.

Le sujet à ongles de type « aveline » (en forme de noisette) exploite ses réserves nerveuses au-delà du raisonnable.

Des ongles concaves montrent que le sujet souffre de troubles glandulaires dus à une mauvaise circulation sanguine ou à une alimentation déséquilibrée. Le sujet est lent et apathique. Les ongles convexes – ou hippocratiques – sont un signe de troubles respiratoires probablement liés au tabagisme.

Une propension au mal de gorge, au rhume ou à des maladies respira-toires graves sera indiquée par un ongle convexe sur l'index. Si les autres ongles prennent aussi cette forme ou que la ligne de tête commence par une chaîne ou une île, les troubles seront amplifiés.

Ongles petits ou grands ?

Un sujet avec de grands ongles a tendance à mener une vie plus paisible et plus équilibrée. Un sujet avec de petits ongles est plus critique et a une approche légèrement plus restreinte de la vie.

L'argent

Les signes de fortune matérielle peuvent se lire sur la main – vous pouvez même avoir de la chance et gagner au loto.

LA FORTUNE

Il existe une fortune intérieure et une fortune financière. Lorsque vous rencontrez une personne, vous avez tendance à la juger à sa façon d'agir. Un coup d'œil rapide à ses mains vous confirmera cette impression. Plus les doigts sont écartés les uns des autres, plus le sujet est ouvert et aimable surtout quand il a une ligne du soleil dans la main.

Main d'eau

Le sujet s'épanouit quand il peut pleinement exercer ses talents créatifs dans le domaine du spectacle ou dans l'industrie cosmétique.

Main d'air

Le sujet aime l'argent et les biens matériels mais il aime aussi travailler pour les conquérir et s'en vanter.

Main de feu

Le sujet aime les biens matériels et il s'y complaît. Il lui faut toujours posséder ce qu'il y a de mieux.

Main de terre

Ce sujet est foncièrement matérialiste. Il a plaisir à agir et à créer.

Riche ou pauvre ?

Etes vous destiné à être riche et comblé ? Consultez vos mains pour avoir confirmation.

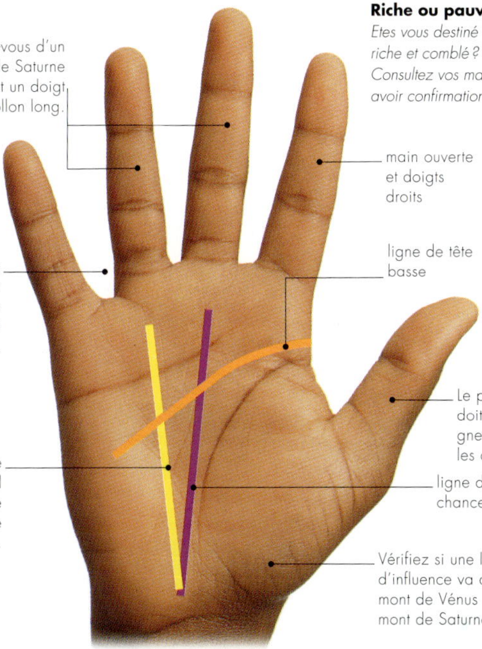

Les signes particuliers et votre santé

La présence d'un trident à l'extrémité de la ligne de chance est un signe connu de succès matériel, mais nous entrons ici dans le royaume de la bonne aventure à l'ancienne.

La ligne du soleil, ancienne ligne de la richesse commence sur la ligne de chance. Elle est toujours utile, surtout quand son extrémité est en forme d'étoile. Une étoile à l'extrémité de l'ancienne ligne du mariage sur le mont de Mercure sous la ligne de cœur est interprétée comme le signe d'un « bon » mariage, elle implique reconnaissance sociale et succès matériel.

La fortune

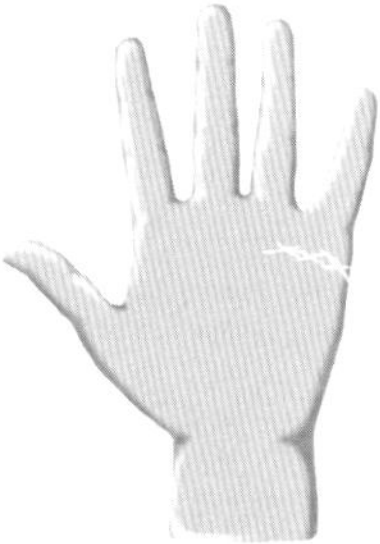

L'alignement
Losqu'une personne ouvre sa main, notez l'angle du pouce par rapport aux doigts.

Une main « ouverte » représente presque toujours une personne ouverte qui aime les contacts avec les autres. Elle brille en société et fait en sorte que tout le monde s'amuse en animant les soirées. C'est un ami fidèle.

Ses mains sont presque toujours ouvertes ; les doigts droits et non pas repliés comme des griffes cachant la paume. Le pouce est presque toujours aligné avec les doigts.

Lorsque des personnes vous montrent leurs mains, elles ont tendance à vous les présenter la paume vers le haut, dans ce cas, observez le pouce : soit il sera aligné avec les autres doigts, soit il formera un angle comme pour leur faire face. S'il est aligné avec les doigts de sorte que vous puissiez voir toutes les parties intérieures des doigts, le sujet a peu de choses à cacher et il est au centre de toutes les rencontres.

La présence d'un espace important entre l'annulaire et l'auriculaire indique un sujet ouvert qui sait être généreux.

Signes de richesse

Il n'existe pas de signe ou de marque distinctive de fortune. Mais il existe un certain nombre de traits qui indiquent la possiblilité de faire fortune. Toutefois, une ligne d'influence reliant le mont de Vénus au mont de Saturne est signe d'un héritage familial.

Le trident sur le mont de Jupiter ou de Mercure, un signe très rare en chiromancie occidentale, annonce toujours la fortune matérielle. Sur le premier mont, il indique la réalisation des ambitions ; une personne voulant gagner de l'argent et faire carrière et qui est prête à faire des efforts y parviendra. Un trident sur le quatrième mont révèle un sens aigu des affaires.

Une nature aimable, généreuse et pleine de compréhension est toujours indiquée par une ligne de cœur placée bas. Plus cette ligne est basse, plus le sujet sera cordial. C'est une indication fiable de la compréhension innée des problèmes des autres. Le sujet a le sens des valeurs et il sera toujours prêt à partager son bonheur avec les autres.

Le jeu

Une ligne de tête qui se courbe en direction du mont de Mercure est un signe rare qui symbolise la recherche impitoyable du succès matériel. On la trouve chez certains millionnaires. Selon la tradition, une croix sur le mont de Jupiter montre l'arrivée d'une somme d'argent pour laquelle vous n'avez pas dû travailler. Observez toujours le majeur de votre futur partenaire. Un doigt de Saturne plus court que l'index et l'annulaire montre un joueur, soyez prudent car il n'est pas fiable.

L'harmonie

Une relation épanouie et harmonieuse avec une autre personne dépend de la compatibilité de vos mains.

LE BONHEUR

Jusqu'à présent nous n'avons pas abordé la question du bonheur spirituel. Il en existe toutefois plusieurs indicateurs sur la main. Certaines mains sont plus compatibles que d'autres, vous devriez prendre en compte ces directives pour avoir les relations les plus épanouies possibles.

Main d'eau

Le sujet est très sensible aux atmosphères et il s'épanouit quand il a la possibilité de pleinement exprimer ses talents créatifs.

Main d'air

Le sujet prend plaisir à mettre son cerveau à l'épreuve avec des casse-tête difficiles.

Main de feu

Ce sujet aime l'action. La réalisation d'un projet de A à Z lui fournit la plus entière des satisfactions.

Main de terre

Le sujet préfère créer de ses propres mains et se satisfait pleinement du résultat final.

Le bonheur dans la main

Certains signes dans la main montrent si le sujet est heureux.

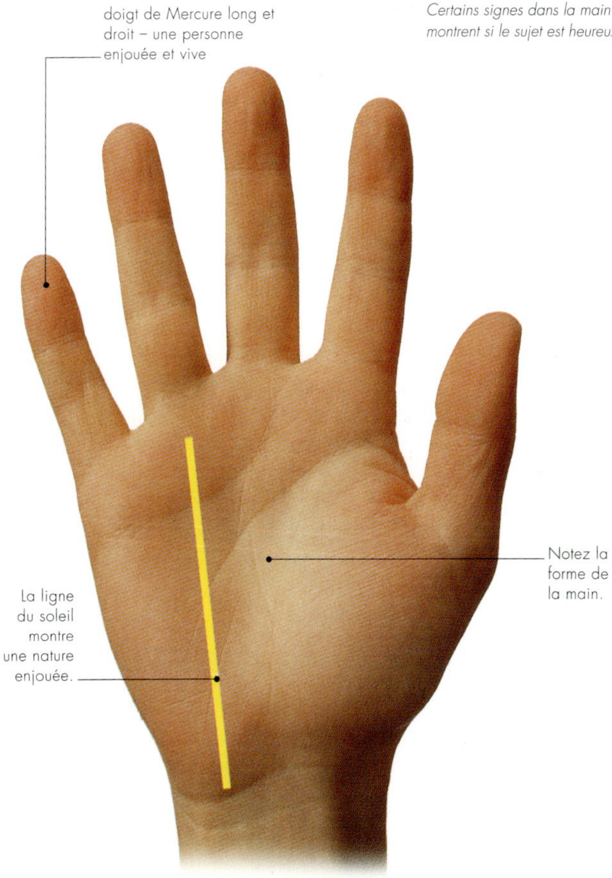

Le bonheur

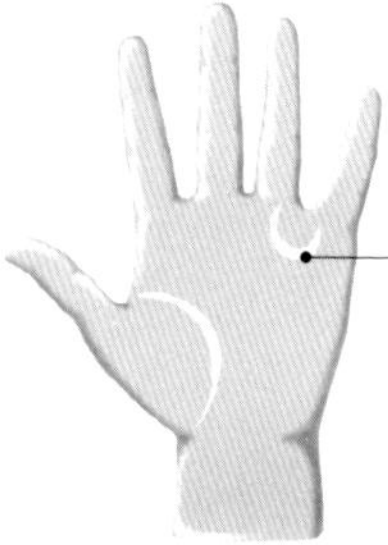

La boucle de l'humour
Une boucle entre l'annulaire et l'auriculaire est signe de bonheur.

Lorsque le doigt de Mercure est long et droit, du moins jusqu'à la première articulation de l'index, le sujet exprime toujours son bonheur et son sens de l'humour dans ses activités quotidiennes.

Il a une personnalité fascinante et il illumine littéralement une pièce quand il l'entre. Le sujet à paume douce aura certainement un rire communicatif, il aime la vie et les histoires drôles. La présence d'une boucle entre l'annulaire et l'auriculaire est un signe très positif d'une nature heureuse. Si cette boucle tend vers le mont d'Apollon, c'est un signe évident d'un sens de la dérision et de l'humour.

La compatibilité

Les différents types de mains peuvent se mélanger. Certaines personnes s'entendent aussi bien avec leurs collègues et leurs relations qu'avec les sujets ayant leur type de personnalité. Par exemple, deux sujets à mains carrées s'entendent très bien car ils ont les mêmes objectifs, mais ils peuvent aussi bien se perdre dans les règles.

Un sujet à mains carrées et l'autre à mains coniques qui travaillent ensemble unissent leur force. Chacun exprime son talent – l'un est réaliste, l'autre créatif. Un sujet à mains carrées et l'autre à mains spatulées ont des motivations identiques car ils aiment l'action.

Un sujet à mains carrées et l'autre à mains philosophiques risquent de manquer d'esprit d'entreprise, mais quand ils en font preuve, ils parviennent à leurs fins. Deux mains coniques vont soit bien s'entendre, soit être susceptibles, lunatiques et inefficaces. Un sujet à mains coniques essaie de travailler avec un sujet à mains philosophiques, les extrémités s'attirent…

Un sujet à mains coniques et l'autre à mains spatulées forment un duo très efficace pour résoudre les problèmes mais leur impatience peut les mener à ne pas tenir leurs promesses. Lorsque deux sujets à mains philosophiques travaillent ensemble, ils arrivent à d'excellents résultats, mais ils ne sont jamais satisfaits. Un sujet à mains philosophiques et l'autre à mains spatulées travaillent dans des conditions extrêmes qui peuvent dégénérer.

Deux sujets à mains spatulées travailleront jusqu'à l'épuisement car ils veulent chacun être le meilleur, ils s'entendent tout de même très bien.

La ligne du soleil

La ligne du soleil est toujours le signe d'une nature enjouée qui sait s'adapter, mais elle a aussi des passages à vide, comme tout un chacun.

Une organisation parfaite
Contrairement aux personnes qui attendent avec un chronomètre à côté du four de pouvoir sortir le plat au moment indiqué, Anne fait tout d'instinct et revient toujours au bon moment.

ÉTUDE DE CAS : ANNE

La cuisine est un art qui demande certaines aptitudes : de l'endurance et des connaissances en diététique. De plus, il faut savoir à quel moment acheter certains plats. La présentation a aussi sont importance ; c'est une chose de préparer un plat, cela en est une autre de le présenter.

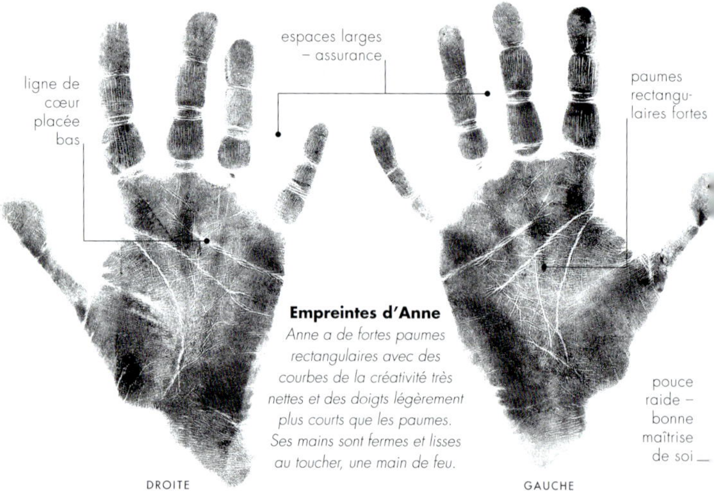

Empreintes d'Anne
Anne a de fortes paumes rectangulaires avec des courbes de la créativité très nettes et des doigts légèrement plus courts que les paumes. Ses mains sont fermes et lisses au toucher, une main de feu.

Main de feu

Anne a une main de feu qui est caractéristique d'une personne heureuse et active, pleine d'idées et qui n'a pas peur de les mettre en pratique. Elle voit rarement l'utilité de se disputer, elle manque parfois de clairvoyance. Elle parle parfois pour ne rien dire mais retrouve généralement ses esprits au bon moment– ce qui est typique des mains de feu. Mais comme le montrent ses pouces un peu raides, elle se maîtrise bien.

Anne la cuisinière

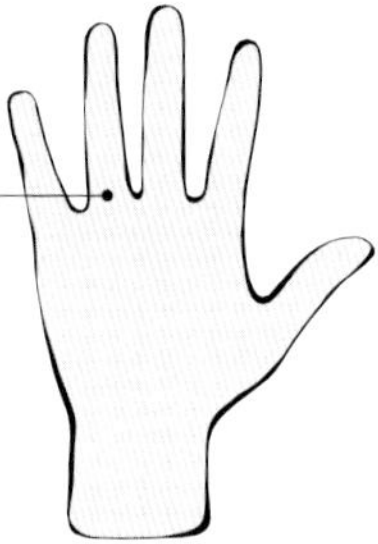

Phalanges de base larges
Les phalanges larges d'Anne signalent son talent pour la cuisine.

Sur les mains d'Anne, les lignes de tête et de vie ont des origines différentes et ne sont reliées entre elles que par quelques rares lignes d'influence, ce qui renforce sa confiance en elle. Elle sait saisir sa chance et sait instinctivement jusqu'où aller ou laisser les autres aller. L'espace important entre ses doigts montre son amour de l'indépendance, ce que contredit sa ligne de cœur placée bas ; elle est sentimentalement dépendante, ce qui peut provoquer des conflits d'intérêts.

Les phalanges des doigts sont larges, particulièrement celles des index, c'est toujours le signe d'une personne douée pour la cuisine et qui sait présenter un plat. Cela signifie aussi que ces qualités se sont développées dès son enfance.

Créative et sensible

Sa main droite a une petite ligne de tête inclinee qui confirme son intérêt pour les arts plutôt que pour les sciences, l'expression artistique lui convient le mieux. Elle aime la compagnie et ses autres talents – la couture et la floriculture – semblent naturels. La ligne de tête sur la main gauche suggère une approche plus pratique des choses.

Sa ligne de vie sur la main droite traverse la paume tandis que celle de la main gauche est un peu plus courte. Dans sa jeunesse, elle a dû apprendre à exprimer son enthousiasme avec modération mais en grandissant et en mûrissant, elle s'est affirmée.
Elle est beaucoup plus à l'aise maintenant mais elle reste très sensible. La

ceinture de Vénus est nettement plus marquée sur la main droite que sur la main gauche.

Le majeur et l'annulaire sont inclinés l'un vers l'autre sur les deux mains. Lorsqu'elle a des problèmes, elle se fait beaucoup de soucis et doit être constamment rassurée.

Bien que sa ligne de chance soit assez ferme sur sa main gauche, elle est quasiment inexistante sur la main droite. Cela indique que ses espoirs de jeunesse ne se sont pas réalisés. Toutefois la présence d'une boucle d'intention sérieuse sur les deux mains entre le majeur et l'annulaire montre qu'elle n'a pas renoncé à certaines de ses ambitions.

Autres études de cas

Pour d'autres études de cas, voir Philippe pages 186–189 et Alex pages 206–209.

Les compétences informatiques

Philippe sait comment saisir les données d'un projet sur ordinateur afin d'obtenir les meilleurs résultats possibles et les présenter aux personnes concernées.

ÉTUDE DE CAS : LE COMPTABLE

Le travail de Philippe comprend différentes tâches d'analyse et d'audit. Philippe doit gérer les charges fiscales ainsi que les demandes du gouvernement et de son entreprise. Il doit aussi tenir à jour les registres de comptabilité de son entreprise et suivre l'évolution des marchés au cas où on lui demande de procéder à des évaluations.

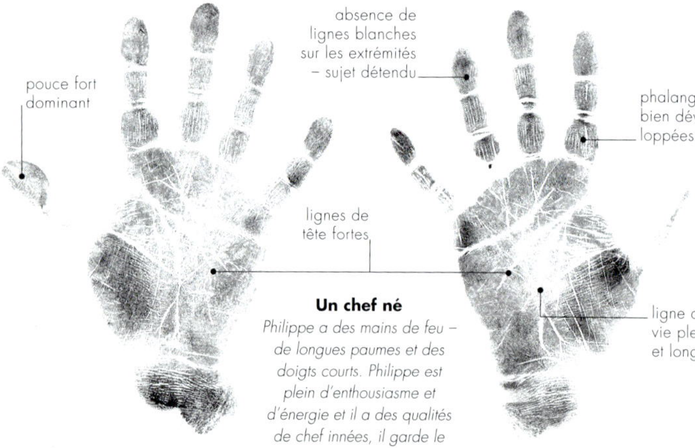

Un chef né

Philippe a des mains de feu – de longues paumes et des doigts courts. Philippe est plein d'enthousiasme et d'énergie et il a des qualités de chef innées, il garde le contrôle en cas d'urgence.

Les exigences du métier

Une formation de qualité, perception, intelligence et persévérance. Le sujet doit être éloquent et avoir le sens du détail. Il doit posséder une certaine vivacité d'esprit et être en mesure de travailler avec des personnes d'origines très différentes. Il a acquis des connaissances en informatique et a développé ses capacités pour le travail d'analyse des systèmes.

Philippe le comptable

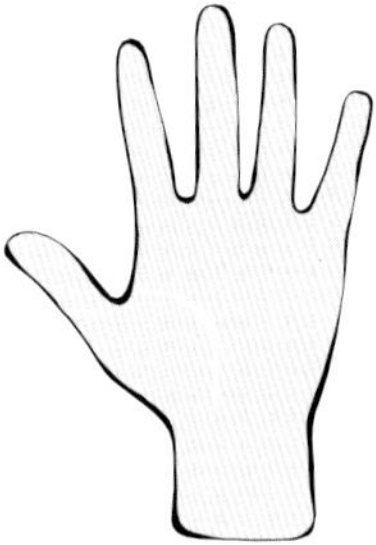

Résistant

Les lignes de vie longues et pleines de Philippe expriment la persévérance au travail.

La force des deux lignes de tête est l'élément notable de la paume de Philippe. Il sait se concentrer sur les problèmes et faire abstraction du reste. Il semble impitoyable, mais le travail au sein de l'entreprise passe en premier.

Il possède des pouces forts et dominants ; soyez sûr de vos informations avant de vous opposer à lui : sinon vous risquez de vous mettre dans une situation où il vous démontrera clairement la nécessité de faire preuve de plus d'exactitude et d'attention pour les détails.

Indépendant et travailleur

Philippe a une ligne de vie pleine et longue sur les deux mains, ce qui indique la capacité à travailler avec opiniâtreté. Ses paumes longues sont fermes au toucher et les monts ont tous la bonne proportion.

Philippe a besoin de travailler indépendamment, ce que montre la position éloignée de son auriculaire de la main gauche par rapport aux autres doigts. Pour confirmer ce trait de caractère remarquez comme ses index sont éloignés de ses majeurs. C'est un signe d'indépendance d'esprit.

Les phalanges de ses doigts sont développées. Le sujet est très égoïste, un trait de caractère qui nuit à ses rapports sociaux mais qui est une force dans les moments difficiles au niveau professionnel. C'est une caractéristique très développée car les deux lignes de cœur sont très profondément marquées. La ligne de cœur de la main droite est placée plus bas que celle de la main gauche.

Emotif et créatif

En son for intérieur Philippe est très émotif, chaleureux et prévenant mais il se méfie des autres. Il est très sensible et ne ferait pas de mal à une mouche. Il a un bon contact avec les gens et même avec les animaux, sauf quand il doit prendre une décision. Il est en général détendu et peu le déconcerte mais au travail, quand le devoir l'appelle, la situation est différente.

Les bords extérieurs de ses deux mains sont bombés, ce qui est caractéristique de la courbe de la créativité. Lorsque celle-ci est plus prononcée vers le haut de la paume, le sujet est inspiré et créatif ; à la base de la main, le sujet a l'esprit pratique et comme dans le cas présent vers le milieu, le sujet a l'esprit créatif et pratique. En dehors du travail, Philippe est passionné par la photographie.

Autres études de cas

Pour d'autre exemples d'études de cas, voyez également Anne la cuisinière pages 182 à 185 et Alex l'ingénieur pages 206 à 209.

LA DATATION DES ÉVÉNEMENTS

Il n'est pas possible de prévoir ce qui se produira un jour précis ou de dater avec précision un événement car la chiromancie n'est pas suffisamment précise et ne l'a jamais été. Les nombreuses histoires de prédictions brillantes faites soi-disant à partir des lignes de la main sont apocryphes et pure invention. En Orient, les chiromanciens ont un système de datation basé sur l'astrologie.

Diseur de bonne aventure
Un diseur de bonne aventure lit les lignes de la main d'une femme qui veut connaître son avenir.

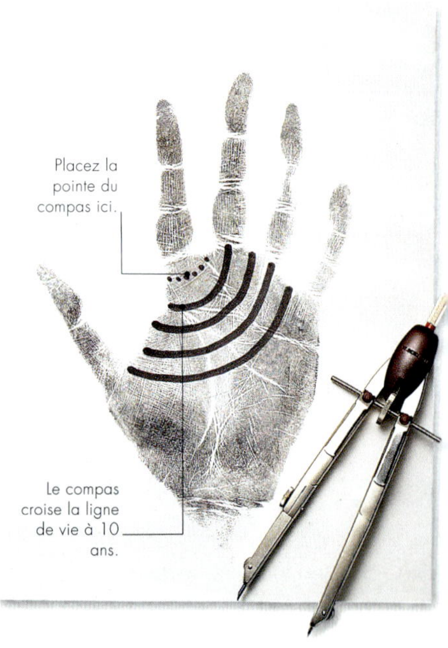

La méthode du compas
On raconte que cette méthode ancienne de datation était employée par les gitans. Je doute de l'authenticité de cette histoire, mais ce système fournit de bons résultats.

La taille de la main

Les débutants en chiromancie font tous la même erreur élémentaire en partant du principe que toutes les mains ont la même taille. Ce n'est pas le cas. Pensez à tenir compte de la longueur et de la largeur de la main pour l'évaluation des lignes. Une ligne de vie longue peut parfois atteindre le poignet, tandis qu'une ligne courte peut s'arrêter à mi-main.

La ligne de vie

1 Tracez une ligne imaginaire allant du milieu de l'extrémité de l'index jusqu'à la ligne de vie ; l'intersection correspond à peu près à l'âge de 10 ans.

2 Dessinez une autre ligne entre la base de l'index et celle du majeur jusqu'à la ligne de vie ; l'intersection correspond à l'âge de 20 ans.

3 Une troisième ligne, cette fois-ci de la base du doigt de Saturne, coupera la ligne de vie à l'âge de 35 ans.

4 Dans certains cas très rares, une quatrième ligne est tracée à partir du centre de l'annulaire qui coupe la ligne de vie à l'âge de 50 ans.

L'âge sur la ligne de vie

La ligne de vie correspond à une durée de 70 ans. En appliquant cette méthode, pensez à interroger votre sujet pour localiser les dates principales.

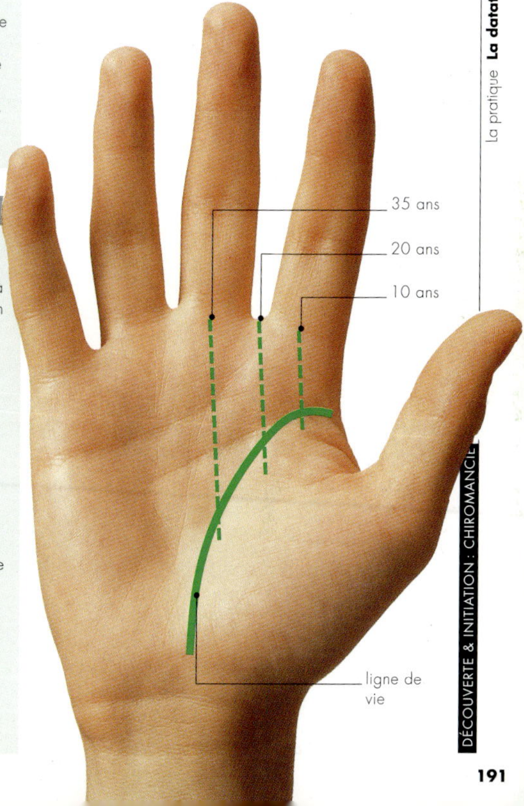

Dater des événements

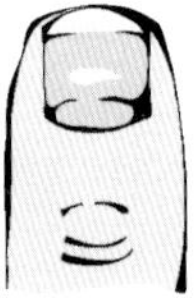

Les ongles et la datation
Il est possible de dater les événements grâce aux ongles.

Il est possible de prédire certains événements situés dans un laps de temps limité de quelques semaines et ce, uniquement à partir d'informations trouvées sur les ongles. Un ongle met près de six mois à pousser de toute sa longueur, ce qui fournit une certaine marge de temps.

Une marque au milieu de l'ongle fait référence à un événement ou un incident, probabement le début d'une maladie, ayant eu lieu trois mois plus tôt. Si la lecture de la main a lieu le 1er juin, l'incident aura eu lieu entre le 20 février et le 10 mars– il est impossible d'être plus précis.

Cependant malgré, tous ces doutes, il existe plusieurs systèmes de datation ayant chacun leurs mérites. Les lecteurs sont invités à expériementer le système que je considère le plus simple.

La méthode de la ligne de vie

Cette première méthode (voir page 191) ne prend pas en compte la taille de la main ou la façon dont les lignes sont gravées mais elle est très exacte, particulièrement pour les premières années. Posez des questions au sujet, cela vous aidera à dater les événements.

Passé l'âge de 35 ans, le système est généralement inapplicable. Peu de personnes ont une ligne de vie suffisamment longue pour qu'elle puisse toucher une autre ligne. Dans ces cas rares, la quatrième ligne tracée à partir du centre de l'annulaire coupe la ligne de vie à l'âge de 50 ans.

Une fois ces premiers repères posés, vous pouvez dater d'autres événements sur la ligne de vie. Il existe aussi d'autres lignes sur lesquelles le temps peut être mesuré en relation avec cette méthode.

La méthode du compas

Prenez un compas et placez la pointe sur le milieu de la base de l'index. Placez l'autre bout à la base du majeur.

Maintenez la pointe du compas sur la base de l'index et faites-le pivoter jusqu'à ce quelle touche la ligne de vie. L'intersection correspond à l'âge de 10 ans.

Toujours en maintenant la pointe sur la base de l'index, augmentez l'angle du compas pour atteindre la base du doigt d'Apollon. Faites ensuite pivoter le compas jusqu'à la ligne de vie ; l'intersection correspond à l'âge de 30 ans.

Augmentez à nouveau l'angle du compas jusqu'à la base de l'annulaire et faites-le pivoter jusqu'à la ligne de vie ; l'intersection correspond à l'âge de 50 ans. L'espérance de vie étant jadis beaucoup plus limitée qu'aujourd'hui, l'expérience s'arrêtait ici.

Plus vieux et plus sages

Lorsque ces expériences ont été faites, peu de personne dépassaient l'âge de 50 ans. Les personnes plus âgées étaient révérées.

Etoiles et paumes
En Orient, les systèmes de datation employés en chiromancie sont liés aux signes astrologiques du Zodiaque.

LA DATATION

Il exite d'autres méthodes que celle du compas et de la ligne de vie pour dater les événements, comme celles se basant sur les lignes de cœur, de chance et du soleil. Le succès de ces méthodes dépend de la profondeur des lignes dans la main – le lecteur est à nouveau invité à expérimenter ces méthodes.

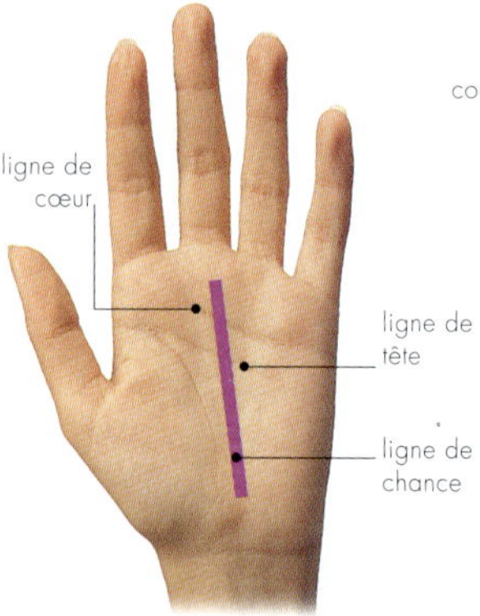

Temps et ligne de chance
Datez les événements à partir des intersections de la ligne de chance et les lignes de tête et de cœur.

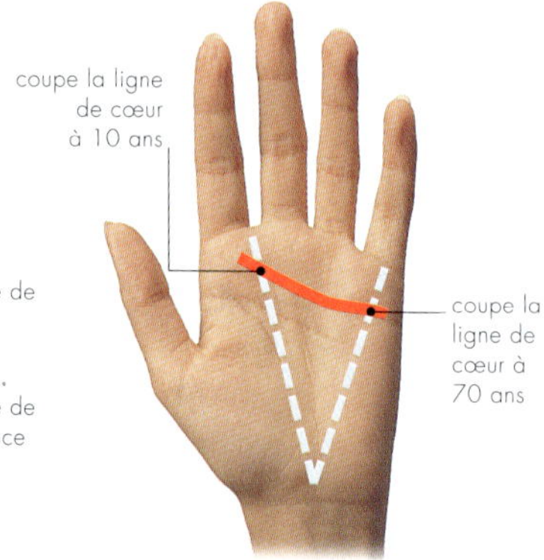

Temps et ligne de cœur
Tracez une ligne imaginaire du milieu de la base de la paume jusqu'aux doigts de Jupiter et de Mercure.

La méthode du fil

1 Placez une des extrémités du fil au début de la ligne de vie et descendez jusqu'à son extrémité en suivant chacune de ses courbes. Si la ligne de divise en deux, suivez la ligne la plus forte.

2 Arrivé à la fin de la ligne, coupez le fil.

3 Pliez le fil en deux et placez-le à nouveau au début de la ligne de vie. La fin du fil double correspond au milieu de la ligne de vie et représente l'âge de 36 ans. Marquez ce point directement sur la main.

4 Pliez à nouveau le fil en deux et répétez l'exercice. Cette fois-ci le bout du fil correspond à l'âge de 18 à 20 ans. Pliez à nouveau le fil en deux : le nouveau point correspond à l'âge de 9 à 10 ans.

5 Répétez cette procédure sur la partie inférieure de la ligne à partir du point mitoyen que vous aviez marqué précédemment. Cela vous permettra de déterminer des événements plus tardifs et à les dater.

Mesurer les courbes

Placez un fil de coton le long de la courbe de la ligne de vie, puis pliez le fil en deux selon la méthode expliquée ci-contre pour pouvoir définir les dates.

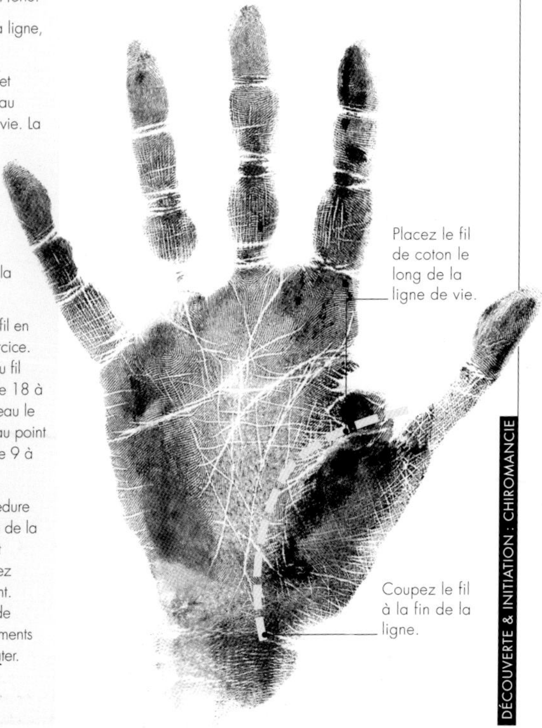

La datation

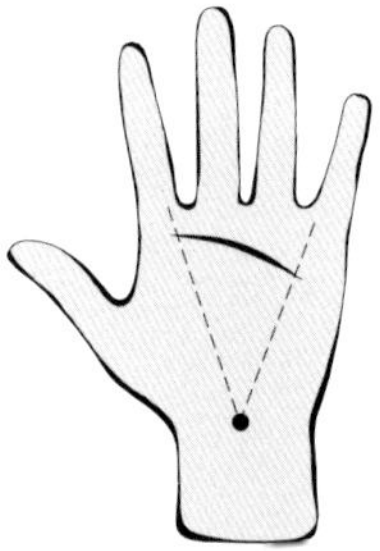

La ligne de cœur
La datation à partir de la ligne de cœur était celle employée par les gitans.

La méthode du fil

Libre à vous d'expérimenter cette idée très sensée et astucieuse qui a déjà fourni des résultats exacts. Il vous faut un petit bout de fil et une règle – voir page 195 pour la méthode détaillée.

Cet exercice de division et de subdivision est probant sur la ligne de chance comme sur la ligne du soleil. Toutefois, cette méthode ne fonctionne pas pour tout le monde. En la combinant avec des techniques de questions-réponses vous serez surpris de l'exactitude de vos datations.

Lignes de chance et du soleil

Vous pouvez appliquer ces méthodes sur la ligne de chance uniquement si la ligne n'est pas fragmentée. La méthode idéale est de localiser précisément le milieu de la base de la paume et de mesurer la distance jusqu'à la ligne de tête comme si la ligne de chance était entière. Vous savez qu'elle coupe la ligne de tête à l'âge de 35 à 36 ans et la ligne de cœur à l'âge de 45 ans.

La ligne de chance, qu'elle soit présente ou non, est divisée en deux entre la ligne de tête et la base de la main, le milieu correspondant à l'âge de 18 à 20 ans. Divisez à nouveau chaque moitié pour localiser les âges intermédiaires.

La méthode de la ligne de cœur

Tracez une ligne imaginaire du milieu de la base du doigt de Jupiter jusqu'au milieu de la base de la paume. Tracez une autre ligne imaginaire de la base du doigt de Mercure jusqu'au même point à la base de la paume. L'intersection de la ligne de l'index avec la ligne de cœur correspond à peu près à l'âge de dix ans, toujours en partant de l'hypothèse que la ligne de cœur est présente. Dans certains cas, la ligne de cœur commence plus à l'intérieur de la main, éventuellement sous le doigt de Saturne. L'intersection de la ligne partant de l'auriculaire et de la ligne de cœur correspond à peu près à l'âge de 70 ans. La médiane entre les deux points d'intersection correspond à l'âge de 35 à 36 ans. La méthode de division et de subdivision peut aussi être employée pour déterminer les âges intermédiaires.

Certains chiromanciens contemporains datent différemment les événements et commencent leurs estimations là où les traditionnalistes arrêtent les leurs. Une fois de plus, le lecteur est invité à expérimenter lui-même ces différentes méthodes.

L'heure des questions

En employant des méthodes de datation pensez toujours à interroger le sujet pour dater plus précisément certains événements.

GUIDE DE CARRIÈRE

Un chiromancien peut déterminer quelles sont les forces et les faiblesses d'un sujet ; la forme et les lignes de la main indiquent les chances de succès du sujet de faire carrière dans un certain domaine. Pour déterminer les qualités de votre sujet, vous devez examiner la taille et la forme de ses mains et être particulièrement attentif à la disposition et à la taille de ses doigts.

La main d'un chef
Un chef né a des mains ouvertes, avec des doigts droits et des pouces forts.

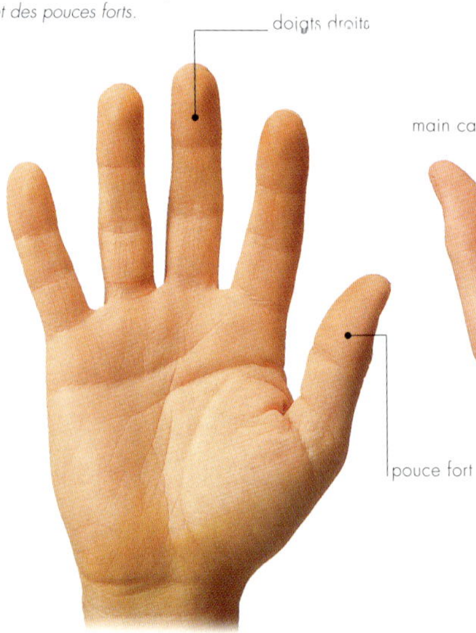

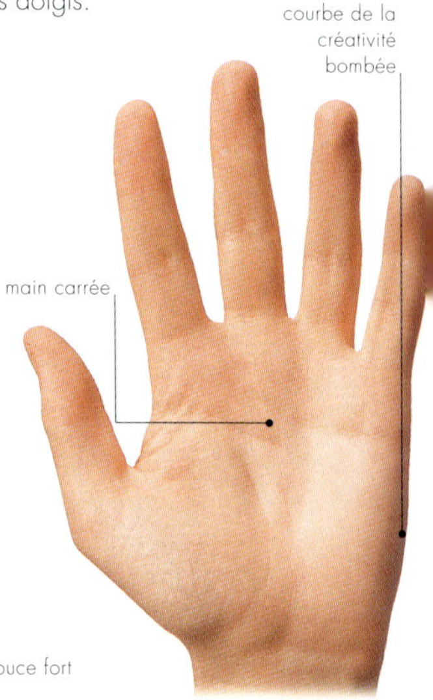

Main pratique
Une main carrée indique normalement une personne pratique – cette mains a une courbe de la créativité bombée.

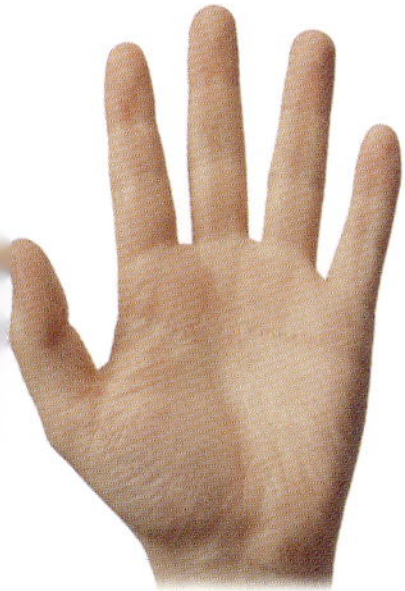

Main créative

C'est la main d'une personne créative et sensible et qui a tendance à suivre les autres. L'auriculaire placé bas est signe d'un sentiment d'infériorité.

Main d'un suiveur

Cette petite main est celle d'un suiveur, sans aucun doute quelqu'un qui fera tout ce qu'on lui demande.

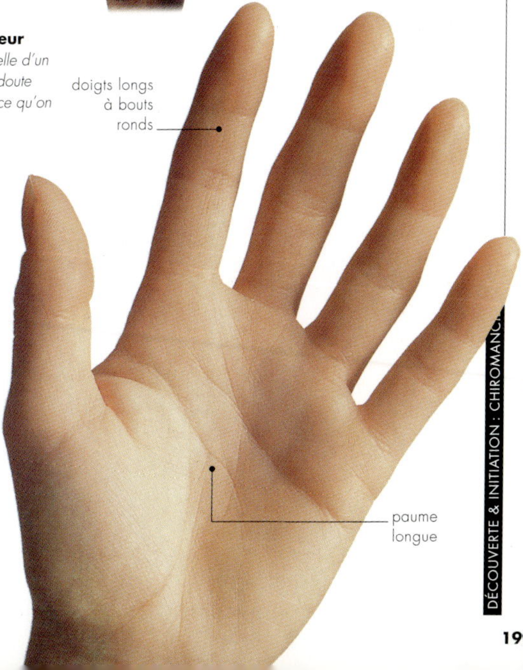

La main ronde

Une main ronde à longue paume et aux doigts longs est celle d'une personne qui fera une carrière artistique.

Guide de carrière

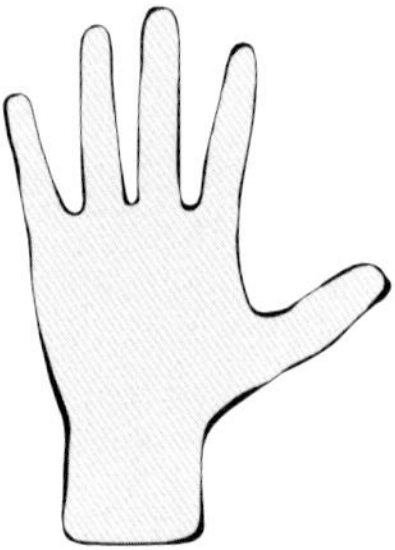

Le pouce d'un chef
Les mains d'un chef sont souvent grandes avec des pouces dominants.

Afin de déterminer l'orientation de la carrière de votre sujet, vous devez tout d'abord établir le rôle qui lui convient le mieux – celui de chef ou celui de suiveur. Vous devez vérifier si votre client est un chef doué pour contrôler et gérer ou s'il est plutôt fait pour suivre des instructions.

Un chef

Un chef a de nombreux talents mais c'est son sens du pouvoir qui le caractérise. Celui-ci a souvent des mains qui paraissent grandes comparées à son corps. Une personne avec des qualités de chef a souvent des mains « ouvertes », des doigts droits et des pouces forts.

Le pouce fait presque toujours face aux doigts. Un pouce droit fort accompagné d'un pouce gauche faible indique toujours un sujet de caractère fort qui sait se maîtriser.

Un suiveur

Les mains d'un suiveur sont légèrement plus petites que la moyenne et sont souvent de type « fermé », avec des doigts repliés vers la paume. L'index est toujours plus court que l'annulaire et l'ensemble de la main est douce au toucher.

Si l'auriculaire est placé bas, le sujet aura un sentiment d'infériorité. Un index placé bas atteste un manque de confiance en soi et d'une aversion à être le centre de l'attention. Lorsque ces deux doigts sont placés bas, le sujet est très sensible – une personne qui est facilement blessée par un mot ou par un geste.

Pratique ou créatif ?

Comme nous l'avons déjà vu, les mains carrées sont pratiques, les mains rondes créatives et ainsi de suite. Nous allons maintenant examiner à leur forme. Une personne pratique ne fait pas toujours un bon chef parce qu'elle a conscience de la nécessité de faire un certain travail mais elle peut se perdre dans les règlements.

Le sujet créatif a de nombreuses lignes sur ses mains car son esprit n'est jamais au repos. Sauf quand il a une paume ferme au toucher avec des doigts plus longs que celle-ci, il vit dans le présent et ne sait pas planifier l'avenir.

Un sujet à petite main étroite préfère travailler dans l'ombre et est souvent doué pour les chiffres. Un sujet à grande main large préfère le grand air et ne supporte pas les contraintes tout comme le sujet à main spatulée.

Les formes de main

Pour plus d'information concernant la forme des mains, voir pages 14 et 15 ainsi que 22 à 29.

QUEL MÉTIER ?

En appliquant les idées présentées dans les pages précédentes, voici quelques métiers et la façon de les associer avec un certain type de main – certaines associations vous surprendront. Ces différentes activités et vocations requièrent certaines prédispositions, mais ceux qui y font carrière semblent tous avoir les mêmes formes de main et les mêmes marques.

Le monde du spectacle
Un acteur aura probablement une ligne de cœur profondément courbée partant du mont de Jupiter et une ébauche de ceinture de Vénus pour souligner sa sensibilité.

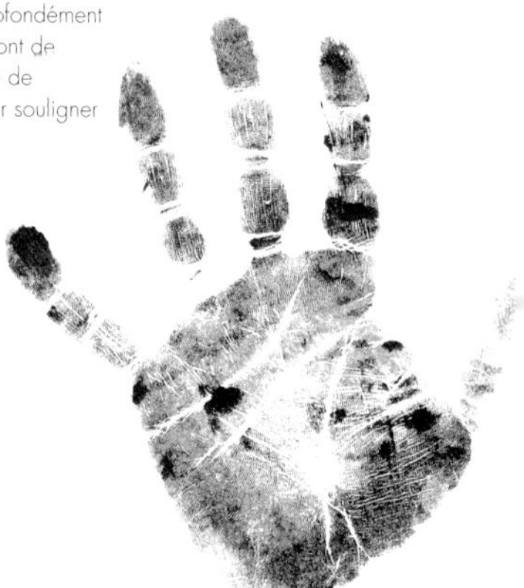

Le bâtiment
La main d'ouvrier du bâtiment sera probablement carrée avec des monts bien développés sur le haut et sur le bas de la main.

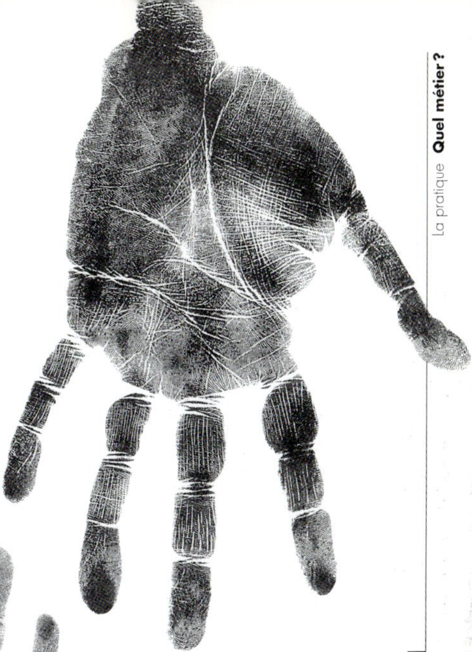

Les forces armées

Les futurs militaires devraient avoir une main carrée ou rectangulaire avec une ligne de tête forte indiquant des qualités de commandement et une capacité à travailler en équipe.

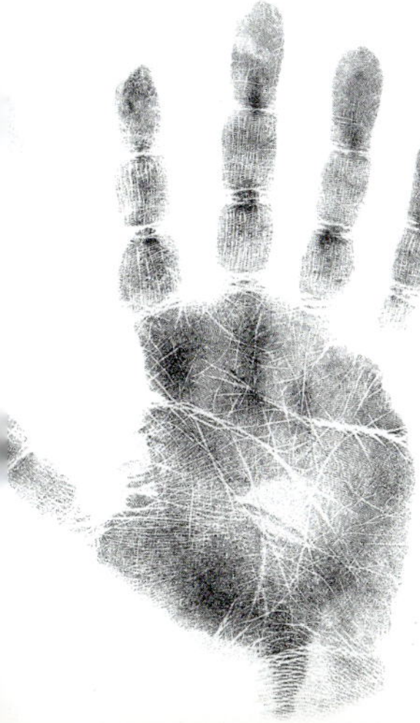

L'industrie pharmaceutique

Les pharmaciens devraient avoir des doigts longs et souples et le sens du détail. Ils peuvent se trouver dans des situations où une confusion entre produits peut être dangereuse. Leur esprit doit toujours être ouvert et disponible.

L'enseignement

Un sujet à main ronde est le plus à même de s'occuper de très jeunes enfants et un sujet à main spatulée ou rectangualire d'enfants plus âgés.

Quel métier ?

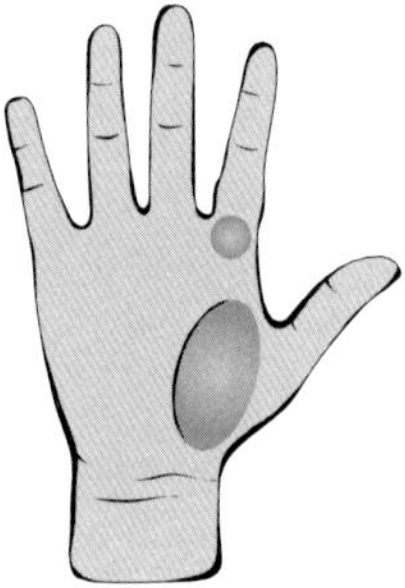

Une main de cuisinier
Un cuisiner talentueux aura des monts de Vénus et de Jupiter bien développés.

L'industrie pharmaceutique

Des doigts longs sont nécessaires pour des tâches minutieuses. Les pouces sont longs et souples et la ligne de tête légèrement inclinée. La ligne de cœur est basse et équilibrée et commence entre les mont de Saturne et de Jupiter.

La bâtiment

Le travail d'un ouvrier du bâtiment étant physique, ses monts digitaux et ses phalanges sont développés. La ligne de vie est profondément marquée, signe d'une bonne santé nécessaire pour faire face aux intempéries.

Jardinage et agriculture

Une grande main carrée aux doigts noueux semble ici la plus adaptée. Le sujet a l'esprit pratique et est capable de nourrir des projets. Les phalanges des doigts sont bien développées et la phalangine du doigt de Saturne est plus longue que la moyenne. C'est le signe traditionnel du jardinier ou du fermier. La ligne de tête ne doit pas être très longue ; un esprit pratique et flexible étant nécessaire à ce travail.

L'enseignement

Un index long est essentiel pour maintenir la discipline et la ligne de cœur devrait commencer au mont de Jupiter et finir sous le mont de Vénus. Les bons professeurs se reconnaissent à leur ligne de tête : longue et légèrement courbée, touchant le haut du mont de Vénus, le sujet est doué pour les arts; pour les sciences, une ligne droite est idéale.

L'armée

La main est ferme et rectangulaire ou carrée avec une ligne de tête qui débute près de la ligne de vie. Les monts sont très développés et la ligne de chance très marquée descend jusqu'au poignet, signe d'une capacité à donner et à recevoir des ordres. La zone de Mars et la souris doivent être charnues ce qui est signe de bonne santé. La ligne de cœur commence sur le mont de l'index et quand elle est droite elle permet au sujet de s'affirmer face à une promotion.

Le monde du spectacle

La main d'artiste est plus grande que la moyenne avec un pouce long et souple, la ligne de tête est inclinée et finit sur le mont de la Lune. La ligne de chance est longue, rectiligne et ininterrompue. Elle va du mont de la Lune au doigt de Jupiter : un signe de détermination.

Chef ou cuisinier

Pour connaître les qualités d'un bon cuisinier, voyez l'étude du cas d'Anne la cuisinière, pages 182 à 185.

Les qualités d'un ingénieur
Un bon ingénieur doit avoir d'excellentes qualités d'organisation ainsi que le sens du détail nécessaire pour travailler avec des mécanismes complexes.

ÉTUDE DE CAS : L'INGÉNIEUR

L'électronique a pour objet principal l'automatisation et le contrôle de l'instrumentation par des ordinateurs et de l'équipement de télécommunication. Ces deux disciplines requièrent un excellent et constant niveau de compétences. Alex est ingénieur en chef à la production depuis dix ans, son travail englobe tous ces domaines de compétences.

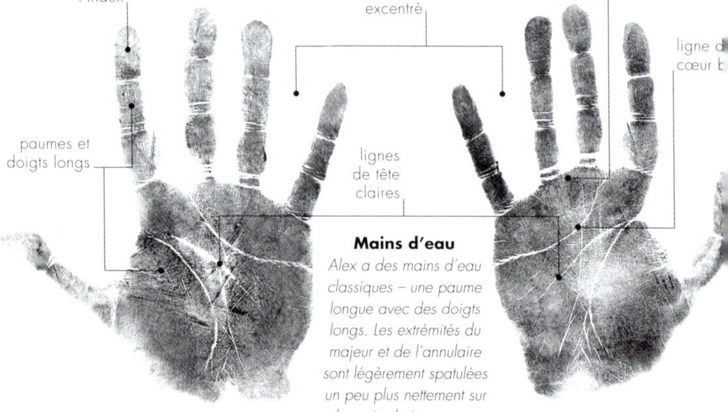

Mains d'eau
Alex a des mains d'eau classiques – une paume longue avec des doigts longs. Les extrémités du majeur et de l'annulaire sont légèrement spatulées un peu plus nettement sur la main droite que sur la main gauche.

Ingénieur de service

Après avoir obtenu sa licence d'ingénierie électrique et électronique, Alex a rejoint une grande chaîne de télévision. Il y contrôle les appareils utilisés par d'autres pour la production de films et de vidéos et aide à composer les programmes. Il doit assurer le meilleur niveau de qualité possible lors de la transmission de matériel enregistré. En cas d'erreur il doit assurer la reprise du programme le plus rapidement possible.

Alex l'ingénieur

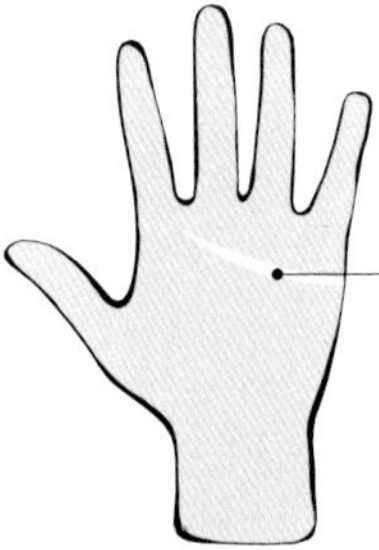

Une ligne de cœur placée bas
La ligne de cœur d'Alex reflète de fortes émotions et une grande chaleur – il est très sensible.

Les mains d'Alex sont plus petites que la moyenne dans son domaine d'activité, mais il compense ce fait avec des lignes de têtes claires et des doigts répartis régulièrement ce qui est un signe de très grande confiance en soi.

Le sujet à main d'eau est très émotif et sensible. Les variations d'humeur, de couleur et d'atmosphère le touchent et ses humeurs sont imprévisibles.

Esprit pratique et ordonné

Alex doit garder les pieds sur terre sinon il se laissera vite emporter par les événements. Autant il a des idées conventionnelles, autant ses paumes rectangulaires suggèrent un caractère plus extroverti. Il veut que les choses soient toujours à leur place.

Alex est doué pour organiser et planifier pour et avec les autres. C'est sa deuxième nature, à condition qu'il ait le sentiment que cela en vaille la peine.

La créativité et l'énergie

Les deux mains portent des courbes de créativité clairement définies. Le sommet de la courbe de la main gauche est légèrement plus haut que celui de la main droite. Vu le peu de lignes présentes, ces mains peuvent à la rigueur être qualifiées de « vides ». Elles ne possèdent que quatre lignes principales et quel-ques lignes d'influence secondaires.

Les deux pouces sont forts et les deux lignes de tête montrent qu'il peut se concentrer pendant plusieurs heures d'affilée.

Toutefois, il sait s'arrêter et se détendre. Ses petites mains fermes (pour sa taille) suggèrent qu'il est énergique dans ses activités mais qu'il a une très légère tendance à la paresse, les deux monts de Vénus étant relativement hauts et centrés.

L'ambition

La boucle de l'ambition entre le majeur et l'annulaire et celle de l'humour entre le majeur et l'annulaire sont clairement dessinées. Alec est ambitieux et il a des projets pour l'avenir. Indépendant, il fera son chemin mais il connaît ses limites.

Dans la série de boucles ulnaires sur le bout de ses doigts, il a un tourbillon sur son index droit qui intensifie ses idéaux et ses ambitions mais lui donne aussi une tendance à l'entêtement. Ne lui donnez jamais d'ordre, demandez-lui gentiment.

Autres études de cas

Pour d'autres exemples d'étude de cas, voir Anne la cuisinière pages 182 à 185 et Philippe le comptable pages 186 à189.

L'inconnu

Les lignes d'influence et les marques particulières peuvent vous donner des indications sur l'avenir.

L'IMPRÉVISIBLE

Personne ne peut prétendre pouvoir prédire l'avenir. Toutefois, de nombreuses personnes actives dans le domaines des sciences divinatoires – l'astrologie, la lecture du Tarot, et la chiromancie – peuvent et font souvent des prédictions d'avenir remarquables.

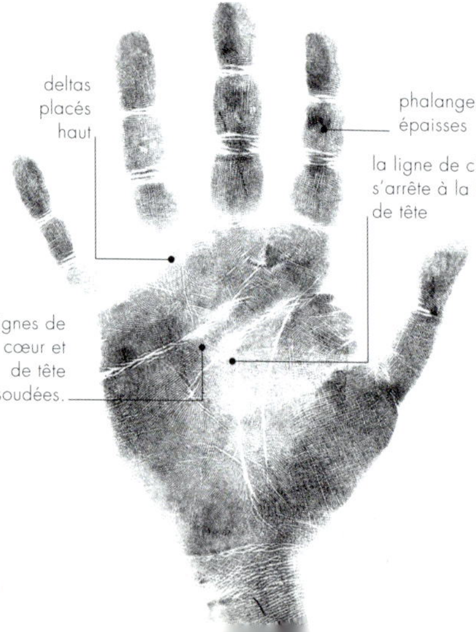

Problèmes professionnels

Sur cette empreinte, les deltas placés hauts sont signes d'idéalisme qui influencent la prise de décisions. Les lignes de tête et de cœur soudées indiquent une incapacité de poursuivre un but. La ligne de chance s'arrête sur la ligne de tête – une indication selon laquelle de mauvaises décisions vont nuire à la carrière du sujet. Les phalanges épaisses révèlent une nature égoïste.

Les lignes blanches

Lignes horizontales

La présence de lignes blanches horizontales sur la phalangette du doigt de Jupiter est signe d'un manque d'assurance ; sur les doigts de Saturne et d'Apollon un signe d'éventuels problèmes matrimoniaux ; sur le doigt de Mercure un manque de communication.

Lignes verticales

Elles peuvent indiquer un déséquilibre hormonal : sur le doigt de Jupiter de possibles problèmes d'hypophyse ; sur le doigt de Saturne un dysfonctionnement de la glande pinéale ; sur le doigt d'Apollon une affection du système cardio-vasculaire (thymus) ; sur le doigt de Mercure des problèmes de thyroïde.

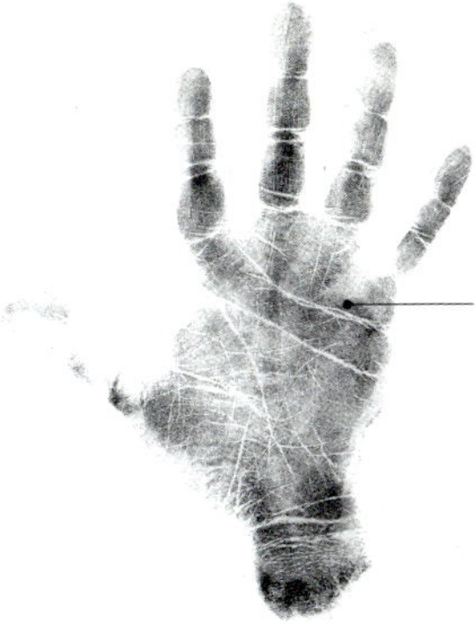

Troubles visuels ou auditifs

Vérifiez la présence d'îles sur la ligne de cœur car elles annoncent d'éventuels troubles visuels ou auditifs.

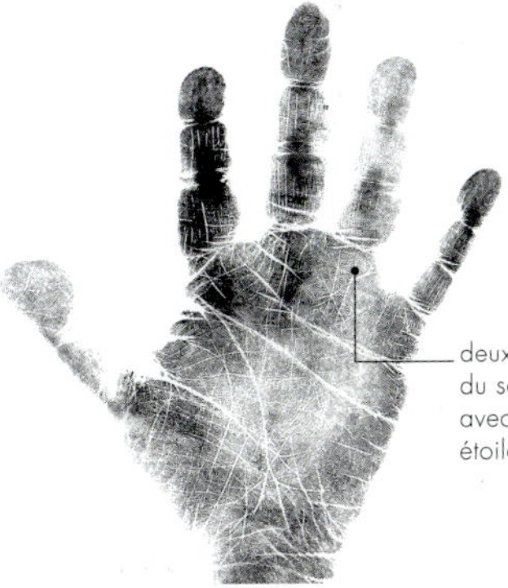

Succès double

Deux lignes du soleil dénotent deux carrières couronnées de succès – l'étoile met l'accent sur le succès.

Dater les événements

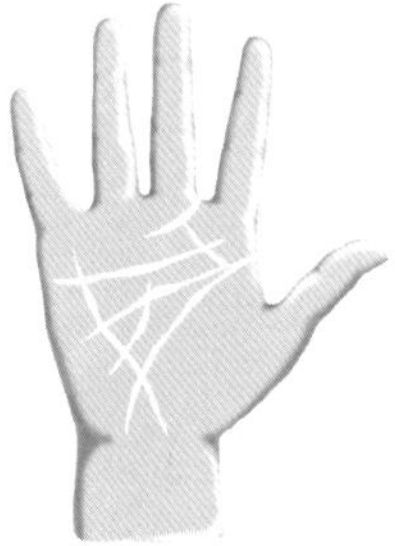

Regard vers l'avenir
Vérifiez la présence de marques particulières et de lignes d'influence.

Chacun peut faire des prédictions dans son domaine d'activité. Après une oscultation votre médecin est en mesure de vous prédire votre état de santé dans les jours à venir. Un chiromancien peut aussi prédire des événements sur la base de ce qu'il a vu sur les mains. S'il a cerné le caractère de son client, il devrait pouvoir prédire ses réactions dans certaines circonstances. Si vous acceptez ceci, vous pouvez aussi admettre que lorsqu'il examine les mains, les marques d'influence qui peuvent donner des indications sur des événements présents ou futurs, il peut ensuite les interpréter et se prononcer en conséquence. Ce livre regorge d'informations à ce sujet, rappelez-vous à quel endroit trouver les réponses.

Prédire des événements

Si les lignes de vie des deux mains sont interrompues au même point, un chiromancien recommandera la prudence, car un accident plus ou moins grave risque de se produire.

Si sur l'une des deux mains, un carré couvre les extrémités de la ligne, le chiromancien prédira un accident dont le sujet se remettra, un bouleversement émotionnel ou un changement d'adresse lié à un nouveau style de vie.

Une petite ligne d'influence partant de l'une des lignes d'affection – les anciennes lignes de mariage – et qui se confond avec la ligne de cœur est signe d'un bouleversement, d'un divorce ou d'une séparation. Un des deux partenaires devra éventuellement quitter le domicile pour vivre ailleurs. Au point d'intersection avec la première ligne d'influence, une autre ligne d'influence peut partir de la ligne de cœur et la relier à la ligne de vie. Si la ligne de vie semble s'affaiblir au-delà de ce point, cela indique un changement de style de vie. Essayez de dater le point où la ligne d'influence touche la ligne de vie. Si vous déterminez la date à laquelle la ligne d'influence quitte la ligne de cœur, cela confirmera cette théorie.

Vous devez apprendre à maîtriser la datation des événements à partir des mains. Pour aller vite, utilisez la méthode du fil en vous basant sur la ligne de vie. Avec un bout de fil, suivez la courbe de la ligne de vie du début à la fin. Coupez le fil, pliez-le en deux, placez-le à nouveau au début de la ligne, l'extrémité du fil plié correspond à l'âge de 35 ans, point qui vous permet de dater les autres événements.

Dater les évènements

Pour plus d'informations concernant l'utilisation des mains pour la datation les événements, voir pages 190–197.

ÉVÉNEMENTS FUTURS

Osez poser des questions. Une fois que vous aurez acquis de l'expérience et que vous aurez appris à reconnaître les moments forts de la vie de votre client, celui-ci voudra connaître son avenir. Ces indications dont certaines remontent à des temps très anciens, vous permettront de faire ressortir certains aspects spécifiques.

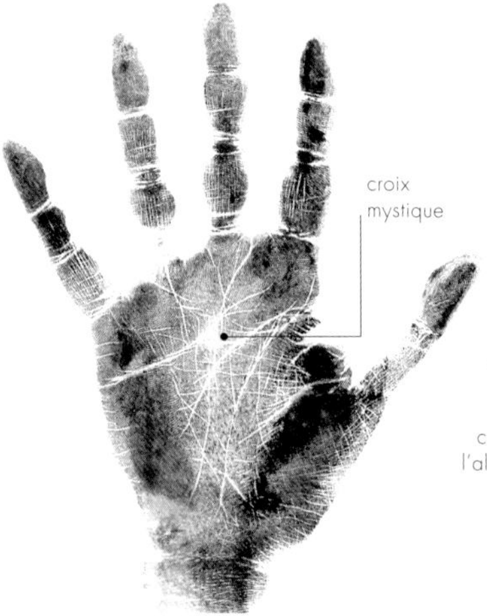

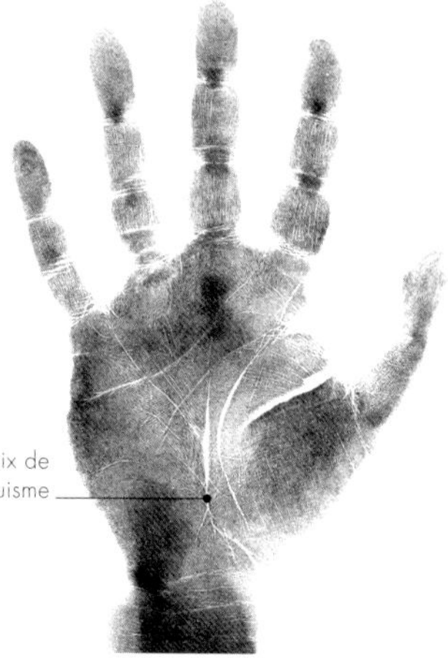

La croix mystique

C'est une croix nette qui se situe au-dessous de l'index, entre les lignes de tête et de cœur et indique un intérêt pour les sciences occultes et éventuellement dans l'intention de guérir.

La croix de l'altruisme

Elle se situe normalement entre la ligne de vie et la ligne de chance à 4-6cm du poignet. Le sujet ne sauvera pas forcément des vies au sens propre mais il travaille pour le bien des autres.

Averti

Un homme averti en vaut deux. Comme nous ne savons pas toujours ce qui nous attend, utilisez vos compétences en chiromancie pour vous aidez à éviter les pièges.

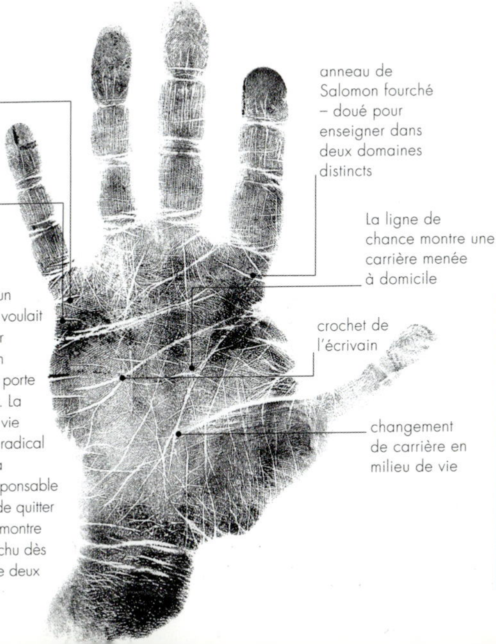

Changement de métier

Cette main est celle d'un homme de 50 ans qui voulait changer de métier pour devenir écrivain à plein temps. La ligne de tête porte le crochet de l'écrivain. La division de la ligne de vie atteste un changement radical de style de vie après la quarantaine. Il était responsable de la formation avant de quitter son emploi, comme le montre l'anneau Salomon fourchu dès son origine, le signe de deux talents distincts.

Les marques particulières

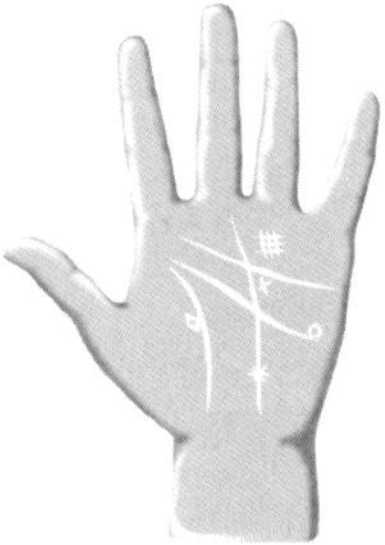

Localisation
Vous devez tenir compte de la position des marques sur la main.

L'interprétation des marques particulières se fait en fonction de leur localisation : situées sur une ligne vous devez essayer de les dater, situées à côté d'une ligne, de les interpréter en conséquence. Une marque sur le bout du pouce, la zone de raison, peut soit accentuer soit freiner cette énergie.

La croix de la séparation

Une croix sur la ligne de vie suggère une période d'isolement : que ce soit en prison ou dans un ordre religieux.

Les étoiles

Elles indiquent en général des incidents et sont considérées comme des signes amplificateurs. Une étoile à l'extrémité d'une ligne annonce toujours un événement imminent positif ou négutif ; sur la ligne de têtc, un manque de prise de décisions ou un choc à la tête ; sur la ligne de cœur, des troubles émotionnels.

Une étoile à la fin de la ligne de chance ou de la ligne du soleil indique un succès important après une période de dur labeur ; sur la ligne de vie, elle signifie une blessure éventuelle.

Une étoile sur la phalange du majeur annonce un bonheur succédant à un malheur ; sur la phalangette de l'annulaire, talent et éminence ; sur la phalangette de l'auriculaire, esprit et éloquence.

Les barres

Les barres agissent toujours comme une entrave qu'elles se trouvent sur une ligne ou sur une marque horizontale. Il en va de même pour les points qui ont toutefois un effet moindre.

Les grilles

Une grille représente une force destructrice car elle est composée de plusieurs lignes menant nulle part. Toutefois, lorsqu'elle se trouve sur le mont de Vénus, elle suggère un gaspillage d'énergie dans des activités vaines. Tant qu'elle est présente, une grille diminue toujours le pouvoir d'une ligne. Sur l'index, c'est un signe de possessivité et d'avarice ; sur l'auriculaire une petite grille suggère la malhonnêteté.

Les cercles

Ce sont des signes rares qui peuvent être confondus avec des triangles mal dessinés ou avec des carrés lorsqu'ils ne sont pas sur une ligne. Un cercle sur une ligne peut être en fait une île. Un cercle distinct sur le mont d'Apollon à l'extrémité de la ligne du soleil est signe d'esprit, ailleurs c'est un signe néfaste.

Marques particulières

Pour plus d'informations concernant les marques particulières et leur signification, voir pages 92 à 93.

GLOSSAIRE

Anneau de la famille Ligne en forme de chaîne reliant la phalange et la phalangine du pouce.

Arche Motif d'empreinte digitale ressemblant à un pont arqué.

Arche incurvée Motif d'empreinte digitale ressemblant à une grande boucle.

Barre Petite marque d'influence horizontale ou verticale, signe d'obstruction.

Bracelet Groupe de lignes traversant le poignet juste en dessous de la paume.

Carré Figure formée par les lignes de la main et des doigts.

La ceinture de Vénus Petite ligne semi-circulaire ou une série de lignes interrompues du mont de Jupiter au mont d'Apollon ou/et de Mercure.

Chaîne Ilots donnant l'apparence d'une chaîne à une ligne.

Chirognomonie Etude de la forme des mains.

Chiromancie Etude des lignes de la main.

Courbe de la créativité Courbe nettement développée sur la partie extérieure de la main.

Croix Marque d'influence apparaissant sur la surface de la main.

Croix de l'altruisme Croix à l'intersection des lignes de vie et de chance à 4 - 6 cm du poignet.

Croix mystique Croix à la base du majeur entre les lignes de cœur et de tête.

Delta Intersection des lignes des mots cutanés.

Dermatoglyphie Etude des empreintes digitales et palmaires.

Doigt d'Apollon L'annulaire.

Doigt de Jupiter L'index.

Doigt de Saturne Majeur.

Etoile Formation en forme d'étoile sur la paume ou sur les doigts.

Grille Série de petites lignes d'influence verticales et horizontales qui forment un motif de grille sur la paume.

Île Petite marque sur une ligne qui est signe de faiblesse.

Index Doigt de Jupiter.

Ligne de chance Ligne allant du poignet à la base du majeur.

Ligne de cœur Ligne débutant sous l'index et se courbant progressivement en direction de l'extérieur de la main.

Ligne de Mars Ligne parallèle à la ligne de vie.

Ligne de Mercure Ligne reliant la ligne de vie au mont de Mercure.

Ligne de santé Autre nom de la ligne de Mercure.

Ligne de tête Ligne débutant près de la ligne

de vie du côté radial et qui traverse la paume.

Ligne de vie Ligne radiale contournant le mont de Vénus en direction du poignet.

Ligne du milieu Autre terme pour la ligne de chance.

Ligne de Sydney Ligne de tête traversant la paume de bout en bout.

Ligne hépatique Ancient nom de la ligne de Mercure.

Ligne Simienne Ligne résultant de la fusion des lignes de tête et de cœur.

Lunules Petits motifs de demi-lunes à la base des ongles.

Main conique Terme traditionnel pour désigner une main ronde.

Main pleine Paume avec une multitude de lignes.

Main vide Paume avec très peu de lignes visibles.

Marques d'influences Petites lignes ou motifs présents sur la main.

Monts Bosses charnues sur la main : elles sont soit digitales soit palmaires.

Monts digitaux Bosses charnues sous chaque doigt.

Motif composé Motif d'empreinte digitale composé de la variation d'une arche, d'une boucle ou d'un tourbillon.

Motif en boucle Motif d'empreinte digitale – soit ulnaire soit radiale.

Phalange Section entre les articulations des doigts.

Radial Adjectif désignant le pouce ou le côté actif de la main.

Sillon Partie des empreintes digitales ; mais aussi marque horizontale ou verticale sur les ongles, marques de stress et de tension.

Les stigmates de la médecine Petite série de quatre ou cinq lignes verticales courtes située à l'intérieur du mont de Mercure.

Tourbillon Motif d'empreinte digitale formé d'une série de cercles concentriques.

Triangle Figure formée de lignes sur la main ou sur les doigts.

Triradius Intersection de différents motifs cutanés.

Ulna Bord extérieur de la main ou côté instinctif.

Via Lasciva Petite ligne horizontale semi-circulaire reliant la base du mont de la Lune à celle du mont de Vénus.

Zone de Mars Zone au centre de la paume entre les monts digitaux et les sommets des monts de la Lune et de Vénus.

AUTRES TITRES DE LA SÉRIE:

€ 4.99 SEULEMENT

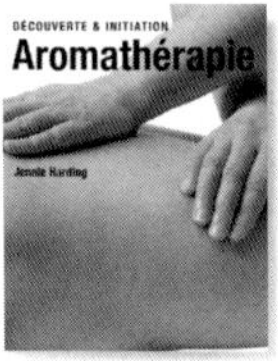

Aromathérapie
Jennie Harding
ISBN 3-8228-2484-4

Réflexologie
Chris McLaughlin &
Nicola Hall
ISBN 3-8228-2487-9

Shiatsu
Cathy Meeus
ISBN 3-8228-2493-3

Ayurvéda
Gopi Warrier, Dr. Harish
Verma & Karen Sullivan
ISBN 3-8228-2490-9

Reiki
Anne Charlish &
Angela Robertshaw
ISBN 3-8228-2499-2

Tarot
Annie Lionnet
ISBN 3-8228-2481-X

QiGong
Angus Clark
ISBN 3-8228-2496-8

Rêves
Caro Ness
ISBN 3-8228-2478-X

Yoga
Jennie Bittleston
ISBN 3-8228-2505-0

ADRESSES UTILES :

Sites Internet

Il existe un nombre très important de sites et d'adresses consacrés aux différents aspects de l'interprétation de la personnalité et à la chiromancie :

http://www.astrosit.free.fr

http://entre4murs.free.fr/chiro

http://www.e-voyance/chiromancie.htm

http://pages.infint.net/almanch/recherche/par asciences/chiromancie

http//www.geocities.com

http//www.odela.fr

INDEX

REMERCIEMENTS

Remerciements particuliers à N. J. Brown, Jill Butcher, Carla Carrington, Robert Chappell, James Cox, Julian Diamandis, Daisy Freeman, Tara Harley, R. Harrington-Lowe, Simon Harvey, S. Hodges, Ben Lacey, Jo Leitner, Kay Macmullan, Abdoulie Marong, Katharine Newton, M. Parkin, Lucrezia Pizzetti, S. Richardson, Caron Riley, Francesca Selkirk *pour leur aide lors des prises de photos.*

CRÉDITS PHOTOGRAPHIQUES

Tous les efforts ont été faits pour retrouver les auteurs des photos. Si, toutefois, certains n'étaient pas mentionnées, nous serions heureux de les ajouter dans les éditions ultérieures.

AKG, London 9, 13, 85, 145, 157, 194tl, 201. **The Bridgeman Art Library** /Simon Carter Gallery, Woodbrdige, Suffolk, UK 190cl /Galleria dell'Accademia, Florence, Italy 191l & 197 /Gemäldegalerie, Berlin, Germany 55tl /National Gallery, London, UK 14tl & 213, 18tl /Private Collection 22tl /Vatican Museum & Galleries, Vatican City, Italy 58t. **Corbis/Bettmann** 37, 42tl, /Jacques M Chenet 59t /Ric Ergenbright 26tl /Macduff Everton 6tl /Hulton-Deutsch 55b, 59b /Wolfgang Kaehler 178tr /Leif Skoogfors 87tr. **The Image Bank** /Juan Alvarez 111tc /Georges Colbert 78tr /Romilly Lockyer 126br /Andrea Pistolesi 79t /Donata Pizzi 103tc /Alex Stewart 94b. **Tony Stone Images** 50tl, 206tl, /Martin Barraud 127tc /Christopher Bissell 170tr/Daniel Bolser 102br /Steward Cohen 186tl /Mark Douet 182tl /Dale Durfee 110b /Andrew Errington 118br /Ernst Haas 210tl /James Henry 75tl /Zigy Kalzuny 58br, 206tl /Ebby May 74br /Martine Mouchy 74tl /Dennis O'Clair 166tl /Andreas Pollok 95tc /Alan Thornton 119tc /Art Wolfe 78bl /David Young-Wolff 215t.